寒山子研究

陳慧劍 著

東大圖書公司

國家圖書館出版品預行編目資料

寒山子研究／陳慧劍著.－－四版三刷.－－臺北市:
東大, 2017
面; 公分.－－(文苑叢書)

ISBN 978-957-19-3062-6 (平裝)

1.(唐)寒山子 2.傳記

782.8411 100025265

© 寒山子研究

著作人 陳慧劍
發行人 劉仲傑
著作財產權人 東大圖書股份有限公司
發行所 東大圖書股份有限公司
地址 臺北市復興北路386號
電話 (02)25006600
郵撥帳號 0107175-0
門市部 (復北店) 臺北市復興北路386號
(重南店) 臺北市重慶南路一段61號

出版日期 初版一刷 1984年6月
四版一刷 2012年1月
四版三刷 2017年4月
編號 E 820160
行政院新聞局登記證局版臺業字第〇一九七號

ISBN 978-957-19-3062-6 (平裝)

再版說明

陳慧劍先生窮盡多年心力，以超然客觀的態度，透過學術、思想、考證方法，將唐代寒山子從一個宗教的「菩薩」還原成一個「血肉人」。作者期盼天下眾生能透過了解寒山子超脫俗世的心境，進而體察自我內心，強化道德，在求新求變的進步思潮裡，保持平靜自在的心境，如此一來，天下人便可盡為真人、至人。

本書出版迄今，已越二十載，由於內容嚴謹、說解精詳，在學術界迭有好評，歷久而不衰。惟在歲月巨輪的刻蝕下，既有之銅版鉛字已略顯漫漶；開本及版式，亦有異於現代出版潮流。此次再版，我們除了放大開本、字體，重新設計版式外，並以本局自行撰寫的字體編排，不惟美觀，而且大方；同時，將原來之注釋改為當頁注的形式，並修正了舊版的一些訛誤疏漏之處，相信對於讀者在閱讀的便利性與舒適度上，必有大幅度的提升。

東大圖書公司編輯部　謹識

寒山子的滄桑史（總序）

寒山子，是一個出生在唐代睿宗景雲年間的陝西咸陽一帶的人。他的青年時期，趕上安史大亂前夕，文名不成，武名不動，結果隨著逃難的人潮，由西北而東南，經過千山萬水，輾轉多年，才逃到當時北方兵亂沒有波及到的浙江天台。

天台，是歷史上著名神話「劉晨阮肇誤入天台」的那座浙江台州府（今臨海）天台縣境的天台山；在這一片山區，亦是道家神話的發源地。在唐代，因為皇帝姓李，與老子李耳拉上了血親關係，而且道教的張道陵又亂把道家的李耳、莊周拿來做義理上的墊腳石，因此，天台山，便成了唐代道教的「神仙窩」。在天台縣北郊一片山嶽，有許多道教大觀（像桐柏觀等），唐代著名道士徐靈府，就曾在這裏興建道場。因此，「天台山、劉晨阮肇、神仙勝地」三結合，便成了唐代嚮往神仙和避亂的世外桃源。就這樣，中國佛教史上那個「無名」的大人物，以「寒巖」為隱居地的「寒山子」，便在公元八〇〇年以後，由於他的詩作，為當時跋涉到天台的隱逸詩人墨客佛教徒所發現，當發現時，他幾乎已變為佛家的「菩薩」。

可是，在這本書裏，我沒有把他當菩薩，我是把他當唐代人來處理的。透過學術、思想、考證方法，把他「還原」為「血肉人」。

其實，寒山子是一個唐代亂世的犧牲者。一個中國歷史性的悲劇。這正如我們中國一九五〇年代，假定從中國大陸有一個渡海逃到臺灣的、深通經史子集、極端避世而進入東部山地，結茅隱居者一樣，是沒有什麼神奇的。

雖然，寒山子，在三十六七歲時，到天台，直到七十歲，還是一個山居的農夫，在那裏種田、養魚、上山打柴、吟詩、品酒，乃至娶了妻、生了子；然後，妻死子喪，再學道學佛，最後避入寒巖，以出家緇門作了斷。其實，換了我，在那種亂世，尤其是一個深諳歷史的中國知識份子，也會住到那個地方，我把「陳慧劍」埋掉，換一個什麼「子」的代號，反正我已不要歷史了，什麼山，什麼水，什麼東西都可以，就是不要「我」就得了。在那種「亂世」，那裏需要有「我」呢？

但是「寒山子」畢竟是一個人，這一點是不值得我們懷疑的。這一點也是我與佛家很多人不一樣的。而他的生命則是崎嶇不平的。他成了時代的犧牲品，當然他也犧牲過了一些人，這一點，在他的詩作裏，都反映出了他內心的深痛。

寒山子之成為歷史人物，原不是他的初衷；那真正是「誤會」。其原因：

一、是他把詩寫在樹上、石頭上、牆上，沒有署名，但別人把它抄來而流傳了。

二、中國人有一種癖好，就是喜歡渲染、會魔術，把一個血肉人變成「神仙」。像呂洞賓、恩主公，哪一個不是中國人魔術製作成的？

三、受道教、佛教傳教的影響，把他（越傳越離譜）離譜成騎白馬的神仙和文殊菩薩。就這樣，把他抬上了歷史的舞臺，乃至上了「中國文學史」，到二十世紀，又跨海征西，成了美國嬉皮（消極隱逸派，現在這派已沒落了）的頂禮象徵。

人，真不可蓋棺論定啊！撇開寒山子有沒有悟道不說，但他在人們筆下確實悟了道成了果。不論在世俗，在佛門，在仙道，他都是文字盈筐盈篋的。

我寫寒山子，是民國六十年間的事，三年後，出了專書，到今天三易其版，也同寒山子的身世一樣，真是「歷盡滄桑」了。

因緣是極其殊特的，由於我們這裏，有一位發大心的出版家南通劉振強先生，來重新為這本書裝金，又有機會勘定誤脫，而我這個糟粕作者則首先蒙受其虛名之利。更重要的是，未來將可能在他的出版計劃下，還出版我別的書，因此使我的日後著述生涯，有了支持的力量，我也就可以放下身外事物，而埋身在這間小佛堂裏為古人說話了。

下面，是我歷十年來為寒山子說的話，一併迻錄在這裏，以存全璧。

一、至人無相（再版序）

至人無相，信乎其然，寒山子為有唐隱士，亦為佛家道人，惟其身世言行，一無出處，使後世好事之俗夫，方寸亂矣！有信其有，有以其無；有信其仙，有然其佛，雜臆紛陳，寒山子者，寧不呵呵大笑：咄哉咄哉，眾生顛倒，一如蛆蛾？

吾以寒山、拾得，乃至豐干，實有其人，實有其事，然事非盡如渲染者也。寧信其為老實漢，假其筆墨，抒其所懷，憫斯眾生而已。其心本直，一介幽客，無斯名累，無斯利養，逕以寒山，賅其天地，括其胸襟，不以其出處，招後世名，斯至人也。奈吾人不察、不寤、不覺，斯為累矣？

所謂「至人」，在形上言，超凡入聖，法究人天。在世俗言，為天真子，無罣無礙，樂其所樂，身家性命，惟此方寸之地，如赤裸然，何需煙霧籠之，似花似幻？至人者，兼有赤子之心與天道之體者也！

吾之研究寒山，雖體從考證，而意在斯人之境，盼天下眾生效寒山之心體而後明德，天下人皆為真人、至人，天下事則無相可爭矣，則無干戈擾攘矣，則無穢土與淨土可別矣。

寒山在目，吾人以明鏡之心自鑑，則庶乎近矣。

〔陳慧劍寫於一九七五年八月廿五日〕

二、我們的寒山（三版序）

現在，無疑地，我們該把寒山當作一個活生生的人來看待。讓我們重新估價，把他當作一個嚴肅的中國唐人。

對寒山子，頑強的生命，不朽的個性，超越時空的感染，不能平白視之。

由於，這位寒巖老客，在一千一百年前，他的地位，從未占據過社會上層結構，他把自己的「物象」封閉得如此周嚴；以致，他的「面目」被延擱了半個世紀，才由他的詩作揭露開來。因此，也揭開了他的生命序幕。

奇怪的是，這序幕居然沒有落期。這幾乎是中國歷史人物的一種異數。他被世界不同地區的學者懷疑著、鑑賞著；彷彿掘到一件古董似的。根據最新的瞻視，他已變質成為中國文化星空中的一塊巨大隕石。你睜開眼睛看他，他就會饒有「瘋情」地衝著你！

可是，我們很洩氣。他是平凡的、平實的，生活在困苦中而自甘快樂的老頭。一生以七十年的時間，活在天台的山裏。一個會在石頭上塗詩，在山林裏讀書、打坐的，自負的老中國人！

他的生活平淡如水，清澈如水；窮固是，心態也是。他的心靈化合在當下時空四度交會裏，而獲得無限豐足，無限創造，而汪洋無倫。他的思想像一架的絲，繁密而不亂，並藉以展開了他的寒巖世界。一時小如彈丸，一時充盈宇宙。

我每讀寒山，便有一種迥乎尋常的共鳴；心靈便突然地接近自己。這說不上來由的——並非純由我是個佛教徒而變得同一個腔調。篤篤當當，我覺得我是「他」的，有時候，他也是「我」的。有時「我們」也是他的。他也是「我們」的。為什麼，他不是我們的？——我們泯除一切宗教的成見與乎學術的執著，讓他披著白髮，赤著足，開懷大笑，來與我們互擁互抱吧。

寒山這個老人的生命裏，有你也有我；有我們祖先那不朽的精神與我們兒孫永恆的血液。寒山！彷彿他，風風傻傻地站在我們眼前，他的長歌，響在我們耳際，「石牀孤夜生，圓月上寒山！」天鐙乍明，彷彿他依舊在二十世紀的中國寒巖，呼吸著一天風月。

生命之道，一落言詮，便成魔道，這番閒言閒語，會惹得寒山一場哭笑。這只能當作我的書出版十八個月以來，三度與有緣人相會，也就算我對寒山子的一番供養！

〔陳慧劍一九七六年五月一日深夜　丹鳳山居〕

三、四印前記

《寒山子研究》一書，六十三年秋付梓，韶華電光石火，匆匆四年，出書三版，其中初版成書，並未作序，只因撿古人牙慧，尋今人足跡未入處，粗枝略葉，求其盡心而已。至二版，始聊草一序，又似覺傲氣。今日觀之，頗覺狂薄，有慚於己，棄之已無及。三版時以「我們的寒山」為題，代序之，聊表對寒山子之仰慕情懷，同時想借古人方寸以正今人之心胸；現在，此書已由原出版之華新，轉諸天華，付楮四版，並藉此勘正其誤脫，糾謬其疑惑，並於書後，附加參考書目，期明其出處。

在修訂過程中，承先進朱紹白夫子提供其卓見多處，並依之撥正，同時彭漫兄為本書設計封面，成就此書之另一因緣，亦功不唐捐！

〔陳慧劍記於一九七八年九月十八日〕

*

我要在這次新版裏蛇足，實在為了要保持一本書的生命史實，蓋歷史必須由當事人紀錄最為可靠。在即待重新莊嚴之前，除了對南通劉氏誌謝，並期於海內外治唐代文學及佛學專家，有以教我！

陳慧劍　一九八四年三月十日浮寓北投杜魚庵佛堂

寒山子研究　目次

一、楔 子

這本書，能有緣與世人見面，該感謝旅美學人鍾玲女士，與國內作家趙滋蕃先生。他們在鼓舞思潮上，是先知先覺。他們，在國內最先動筆建立「寒巖老客」的不朽塑像！

同時，中國文化學院（今中國文化大學）藝術研究所釋曉雲教授，也是本書最先期的參予者。他老人家，一九七〇年三月間，在華岡召開一次「寒山子研究會」，過了一個月，又送一冊油印本《寒山子詩集》給我。從此，我默默地開始檢掇史料，留心國內外有關寒山的論文，經歷四年，所寫的，也許是別人寫過的；要想的，也許是別人想過的；所倖者，從鑽研故紙，與古人把晤之餘，信非「徒然讀書」。如今，此書竟然不因採用方法之陳陋與乏甚新意而問世，尚祈方家指正。

本書研究的過程中，所使用的寒山詩，計有下列版本：

一、揚州藏經院《三聖二和詩集》，計收寒山詩三〇七首，拾得詩四十九首，豐干詩二首。

二、南宋淳熙十六年釋志南《天台山國清禪寺三隱集》，集寒山詩三〇九首，拾得詩四十九首，豐干詩二首。

三、《全唐詩・十二函・寒山詩集》，集寒山詩三一〇首，拾得詩五十四首，豐干詩二首。

四、汲古閣本（亦為宋版）《寒山詩》，集寒山詩三一一首，拾得詩五十四首，豐干詩二首。

本書討論的要點：

一、寒山子的時代。

二、寒山子的思想變遷。

三、寒山詩的文學價值、特色及其影響。

四、寒山子本事及其信度。

五、寒山子公案及傳奇。

六、寒山詩的校勘及整理、分類。

上列各端，在全書中分別作專題討論，或交互穿插研究。「象贊」這一章，則作為全書的總結。

復次，在這裏，我要深深感謝曉雲法師、呂佛庭教授、陳國寧女士為本書提供圖片、法書，成就勝緣，令人喜慰，並致無上謝忱。

二、寒山時代舊聞

寒山子，是一個奇特的詩人；寒山詩是充滿奧祕朦朧景象的詩。寒山子的年代，古今都有不同的臆測。

寒山精神在西方復活，更加強了寒山子在人類心靈中一種強烈的印象。

寒山子的年代問題，出自那個——為他的詩集作序的台州刺史閭丘胤身上。這篇序文中沒有寫上當時年號，而閭丘胤本人，新、舊《唐書》中不載，但是他寫的那篇序，卻是後人據以研究寒山子年代的第一手資料。

趙滋蕃先生在他的〈寒山子其人其詩〉（按：該文已與同時他文集刊成書）一文中說，對閭丘胤那篇序，我們不能等閒視之。正因為如此，我們便被古人所惑了。

趙文認為寒山時代大抵由貞觀中到開元、天寶間（六四二——七四二），活在世間約一百歲。而《景德傳燈錄》則說他活了一百二十歲。他的時代與他的高壽，實有極大的關連。

另有一說，他的詩與王梵志的詩在盛唐以後常被混在一起；根據諸家研究，王梵志大約生在隋時，應稍早於寒山子，這裏有一個罅隙我們似不可遺漏，即基於寒山子的稀有高壽，他也極可能與梵志同時，他的時代則長於梵志半個世紀。

胡適之先生的《白話文學史》對寒山時代考證，他認為武則天「久視元年」（七〇〇）為寒山子時代的開端，在這裏，我們要注意的是：

寒山詩中有「老病殘年百有餘」，「其中半日坐，忘卻百年愁」，「哀哉百年內，腸斷憶咸京」之句，因此應將他的時代由閭丘胤到國清寺那年起（那一年也就是寒山、拾得隱沒的同年）上推一百年左右。

問題複雜處還不在寒山子本身，而是閭丘胤出任台州刺史的年代。至於閭丘胤在貞觀初去國清寺看到寒山、拾得，則是南宋沙門志南在他的《寒山子詩集・序》中所說。

下據胡適之先生考證寒山、拾得彙集閭丘胤的年代是：

一、貞觀七年（六三三）——宋僧志磐《佛祖統紀》（作於一二五六年）。
二、貞觀十六年（六四二）——元僧熙仲《釋氏資鑑》（作於一三三六年）。
三、貞觀十七年（六四三）——宋僧本覺《釋氏通鑑》（作於一二七〇年）。
四、先天中（七一二——七一三）——元僧曇噩《科分六學僧傳》（成於一三三六年）。
五、貞元末（約八〇四）——元僧念常《歷代佛祖通載》（成於一三四一年）。

六、《太平廣記》的《仙傳拾遺》（九七八年成書），則以「大曆中」（七六六——七七九），作為寒山子隱居天台歷史上最早的記載。

這些年代前後伸縮達一百七十多年。

胡適之先生根據以上資料肯定寒山子在公元七〇〇至七八〇年之間。換言之，胡先生以為寒山子的時代過程為八十年左右。

胡先生肯定寒山在梵志之後，是根據「梵志死去來，魂識見閻老」那兩句詩，而忽略了「老病殘年百有餘」的寒山是老壽翁，占去了唐代整整三分之一的時間，在五代時，寒山詩便與梵志詩普遍流行民間，可見他們的時代是互相結合的。

胡先生更懷疑：豐干、拾得這兩個人都是後來人逐漸附麗上去的，不僅這兩個人的詩是「後人偽託」，這兩個人之有無也大有問題。

但是我們檢閱《寒山集》中有這麼一首詩：

> 慣居幽隱處，乍向國清中；時訪「豐干」道（一作老），仍來看「拾公」；獨迴上寒巖，無人話合同；尋究無源水，源窮水不窮。

如果豐干、拾得不可靠，那麼寒山的詩難道可靠嗎？

復以，除寒山詩序之外，而接近詩序的史料，當推北宋釋道原著的《景德傳燈錄》；此書卷三十七第九頁分紀「天台三聖」的個別史傳，茲引如次：

一　豐干

天台豐干禪師者，不知何許人也；居天台山國清寺，剪髮、齊眉、布裘，人或問佛理，止答「隨時」二字。嘗誦唱道歌，乘虎入松門（按：從天台縣北赤城山至國清寺，一路植滿巨松），眾僧驚畏。本寺廚中，有二苦行，曰：「寒山子、拾得」，二人執爨，終日晤語，潛聽者卻不體解，時謂風狂子，獨與師相親。一日，寒山問：

「古鏡不磨，如何照燭？」

師曰：「冰壺無影像，猨猴探水月。」

曰：「此是不照燭也！」

更請師道。師曰：「萬德不將來，教我道什麼？」

寒拾俱禮拜。師尋獨入五臺山巡禮，逢一老翁。師問：「莫是文殊否？」

曰：「豈可有二文殊？」師作禮未起，忽然不見。後回天台山示滅。

初閭丘公（按：胤避太祖諱），出牧丹丘，將議巾車，忽患頭疼，醫莫能愈，師造之曰：「貧道今天台來，謁使君。」閭丘且告之病，師乃索取淨器，咒水噴之，斯疾立差。閭丘異之，乞一言示，此去安危之兆。師曰：「到任記謁文殊、普賢。」曰：「此二菩薩何在？」師曰：「國清寺執爨滌器者，寒山拾得是也！」

閭丘拜辭乃行，尋至山寺，問此寺有豐干禪師否？寒山拾得復是何人？時有僧道翹，對曰：「豐干舊院在經藏後，今閒無人矣！寒拾二人見在僧廚執役。」閭丘入師房，唯見虎跡。復問道翹：「豐干在此作何行業？」翹曰：「唯事舂穀供僧，閑則諷詠。」乃入廚尋訪寒拾。

二　寒山子

天台寒山子者，本無氏族，始豐縣西七十里，有寒、暗二巖，以其於寒巖中居止得名也。容貌枯悴，布襦零落，以樺皮為冠，曳大木屐，時來國清寺，就拾得取眾僧殘食菜滓食之，或廊下徐行，或時叫噪，望空謾罵，寺僧以杖逼逐，翻身拊掌大笑而去；雖出言如狂，而有意趣。

一日豐干告之曰：「汝與我遊五臺，即我同流；若不與我去，非我同流！」

曰：「我不去！」

豐干曰：「汝不是我同流！」

寒山卻問：「汝去五臺作什麼？」

豐干曰：「我去禮文殊。」
曰：「汝不是我同流！」
既豐干滅後，閭丘公入山訪之，見寒拾二人圍鑪語笑，閭丘不覺致拜，二人連聲咄叱。寺僧驚愕曰：「大官何拜風狂漢邪！」寒山後執閭丘手，笑而言曰：「豐干饒舌！」久而放之。自此寒拾二人相攜出松門，更不復入寺。閭丘又至寒巖禮謁，送衣服藥物，二士高聲喝之曰：「賊我！」便縮身入巖石縫中，唯曰：「汝諸人各各努力！」其石縫忽然而合。閭丘哀慕，令僧道翹尋其遺物於林間，得葉上所書辭頌及題村墅人家屋壁共三百餘首，傳布人間。曹山本寂禪師注釋，謂之《對寒山子詩》（按：此本今不見傳）。

三　拾得

天台拾得者，不言名氏，因豐干禪師山中經行，至赤城道側，聞啼聲，遂尋之，見一子，可數歲，初謂牧牛子，及問之云，孤棄於此。豐干乃名為「拾得」，攜至國清寺，付典座僧曰：「或人來認，必可還之。」後沙門靈熠攝受，令知食堂香燈，忽一日輒登登（按：同燈字）坐，與佛像對盤而餐，復於憍陳如（按：佛上首弟子）上座塑形前，呼曰「小果聲聞」。僧驅之，靈熠忿然，告尊宿等，罷其所主，令廚內滌器，常日齋畢，澄濾食滓以筒盛之，寒山來，即負之而去。一日掃地，寺主問：「汝名拾得，豐干拾得汝歸。汝畢竟姓個什麼？在何處住？」

拾得放下掃帚，叉手而立。寺主罔測。

寒山搥胸曰：「蒼天蒼天！」

拾得卻問：「汝作什麼？」

曰：「豈不見道：東家人死，西家助哀！」二人作舞，哭笑而出。

有護伽藍神廟（按：伽藍，Sainghārama之略譯，意為寺廟之通稱。伽藍神，則為護寺之神），每日僧廚下食，為鳥所有。拾得以杖抶（打也）之曰：「汝食不能護，安能護伽藍乎？」此夕神附夢於合寺僧曰：「拾得打我！」詰旦諸僧，說夢符同，一寺紛然，牒申州縣，郡符至云：「賢士隱遁，菩薩應身，宜用旌之，號拾得為賢士。」時道翹纂錄寒山文句，以拾得偈附之，合略錄數篇，見別卷（按：由此文證之，拾得附錄，該為道翹所編）。

*

這三篇別傳的內容比原序（可參看〈寒山子詩集序及附錄〉）為完整，並有補充修飾傾向，原序缺公案三則，此序補之，二者結構大致相同。

在所有可見史料中，以這篇史料，最接近原序。亦可能脫胎於原序。

北宋以後史料，如元代釋覺岸之《釋氏稽古略》卷三第十頁引〈國清寺記〉碑刻云：

豐干，垂跡天台山國清寺，庵于藏殿西北隅，來一虎，遊松徑，見一子，可年十歲，扣之無家無姓，師引之歸寺，養於廚所，號曰「拾得」，有一貧氏，從寒巖來，曰「寒山子」，三人相得甚歡，是年豐干雲遊，適閭丘胤來守台州，俄患頭風，豐干至其家，自謂善療其疾，閭丘見之，師持淨水灑之即愈；問所從來，曰：「天台國清。」曰：「彼有賢達否？」干曰：「寒山文殊，拾得普賢，宜就見之。」閭丘識之，三日到寺，訪豐干遺跡，謁二大士，閭丘拜之，二士走曰：「豐干饒舌，彌陀不識，禮我何為？」進入巖穴，其穴自合，寒拾有詩散題山林間，寺僧集之，成卷版行於世。

此文亦不出原序窠臼，其時代亦本原序，惟列入貞觀十七年。

北宋以後諸家著述，誠如胡適博士所證，前後不一，但以徐靈府最為接近，容下篇再為列證述之。

*

又讀康熙六十一年版《台州府志》（按：這本書記載閭丘胤有否滋疑處，仍待查證其他資料）卷五歷代官制，在職官題名錄上，有唐一代，二百九十年間，出任台州刺史者，有一百零八人。計有趙逵（武德七年止）、元義修、嚴德、畢操、韋慶、房瓌、閭丘蔭（志並注：有〈寒山子詩序〉，見〈藝文〉），鄭神舉（以上皆貞觀中止）、來濟、宋神膺、席義恭（以上皆永徽中止）、高吉（顯慶二年止）、李元孔（麟德二年止）、趙瓌（乾封二年止）、墨貽知退、李璠（以上俱咸亨中止）、梁仁昭（儀鳳二年止）、吐突知節（調露元年止）、竇義說（永淳元年止）、裴璡、沈福（俱垂拱中止）、韋思義（天授二年止）、成琰（延載元年止）、張元瞿（通天元年止）、韋銳（久視元年止）、張思義（長安二年止）、廉璡（神龍二年止）、卓蔭（景龍二年止）、張詵（景雲二年止）、張嘉（《唐書》開元間貶台州）、李英、楊翌、鄭儔、裴光庭、康希銑、邵昇、馬襲、康神慶、崔叔度、韋坦、敬誠、吳沅（以上皆開元中來守）、賈長源、高繼之、李競、孫踐田、袁光孚（以上皆天寶年止）、李仲宣（至德二年止）、李嘉祐、郭英翰（寶應元年止）、李景宣（廣德二年止）、李岵、郭敘、英瑜、韋紹卿、王光冑（以上俱大曆中止）、崔鼎、邢招濟、郭符（以上俱建中年止）、獨孤氾、陳偕、陸滂、第五峰、盧國因、韋叶（以上皆正元中止）、徐裕（永正元年止）、李逢、陳岵、徐放、焦悱、王建侯、柳泌、王仲漣、陸質（以上俱元和中止）、苗藏位（長慶二年止）、王仲周（《舊唐書》長慶二年，貶州刺史）、韋衡（寶曆二年止）、顏顒、鄭仁弼、鄭申、周魯賓（以上至太和中止）、李文舉、滕邁、顏從賢（俱開成中止）、郭詮、喬莊、鄭薰（以上俱會昌中止）、羅旭權、韓賓、竇餘、李肇、裴謨、李師望（以上俱大中年止）、奚□（失名）（咸通二年）、李虔、吳敬章、董賡、袁從、姚鵠、譚洙、封彥卿（以上俱咸通中止）、裴璉、崔葆、羅虬（以上俱乾符中止）、劉文（中和元年）、杜雄（光啟二年）、沈仁縚（乾寧二年）、駱團（乾寧四年，至是錢鏐陷州）、李振。——下接五代，梁正明，駱廷訓任台州刺史，乃駱團之子。

為《寒山子詩集》作序的閭丘胤（或為蔭），赫然為唐代第七位台州刺史，時在貞觀中，別無其他複姓閭丘其人。

《台州府志》錄歷代職官，由漢至康熙六十一年，無一遺漏。寒山子的時代，由於《台州府志》之出現閭丘胤，並在其名下註為寒山詩作序者，這一項發現，前人皆未提及。

又按近人高夢旦編《中國人名大辭典》寒山條載：唐高僧，居天台唐興縣寒巖，時往國清寺，與拾得為友，閭丘胤宦丹丘，往寺求之……（下皆同序文）。

《大漢和辭典》及《辭海》、《辭源》則稱：寒山為唐貞觀時高僧，亦稱寒山子，居天台始豐縣之寒巖。……此三種辭書與《中國人名大辭典》所述地名竟有不同記載。

《讀史方輿紀要》則謂天台原為漢之章安，三國為吳之始平。《唐書・地理志》載，台州臨海郡，上本海州，武德四年（六二一），以永嘉之臨海置。下轄臨海、唐興、黃巖、樂安、寧海五縣。唐興縣，上本始豐，武德四年析臨海置，八年省，貞觀八年復置。高宗上元二年（六七五）更名（唐興）。……（著者按：始豐縣名，源於括蒼山支脈大磐山有一水，流經天台城南經臨海、台州、黃巖出海，此溪名始豐）

總結以上史料，唐興縣，即漢之章安，三國吳時始平，晉時始豐，到唐高宗上元二年改唐興，宋建隆中（九六〇——九六三）改今名天台。

我們不知寒山詩序文的「唐興」，被上述各大辭典改為「始豐」，依據何種史料？難道序中的

「唐興」是後人無意中根據當時地名加以改竄的麼?

如果〈寒山詩集序〉「唐興」之縣名，不是「始豐」，則寒山時代無法維持舊說。如「始豐」之更名「唐興」，再向後延，寒山時代，勢必亦隨之存疑了。

綜上舊說：一為〈詩序〉，二為《景德傳燈錄》，三為《台州府志・職官錄》，皆為後人所本，且軌跡參差的傳說雲霧，亦本之渲染流傳，由於序者之面目難得，益滋後人疑竇，所謂「盡信書，不如無書」，徒為史家帶來無盡之困擾而已！

三、寒山時代內證考

一

一千年來，寒山子之身世，受舊說支配，求真理者自難甘於沉默，而個人惑於「我執」未除，對寒山子其人其事，始終難釋於懷。乃隨手詮注《寒山子詩》，由「內證」發現寒山時代，已與胡適之、趙滋蕃等先生對寒山時代之辨證，有所牾觸。因此，就手邊現有史料加以排列比較，藉使寒山時代的曙光，有新的印證！

目前學者對寒山之研究，已見於坊間之現有資料，概分為四說。

㈠胡適之先生說

據胡氏《白話文學史》云：「〈寒山子詩集序〉所稱『詳夫寒山子者，不知何許人也，……隱居天台唐興縣西七十里……』」文中之地名「唐興」，經胡氏研究《讀史方輿紀要》及《唐書・地理志》均載，「唐興」乃高宗（李治）上元二年（六七五）由「始豐」更名，確認寒山非「舊說」貞觀時人。今查《古逸書》唐憲宗元和道士徐靈府著《天台山記》云，肅宗上元二年，始豐改名唐興。唐代上元年號兩度出現，一為高宗，一為肅宗（七六一），上下相差九十多年。徐著是手抄本（故宮博物院藏），如有此一說，則寒山時代更有理由向後延了。

徐是當代人，也住在當地的「方瀛觀」，時間是元和十年到會昌五年間，前後二十多年，可靠性極大。《讀史方輿紀要》與《唐書・地理志》有錯嗎？一疑！

另據《太平廣記》所收《仙傳拾遺》中〈寒山子〉一篇，胡氏研究：《仙傳拾遺》在公元九七八年成書，該篇以寒山子於大曆中隱居天台，時在七六六——七七九年之間。

因此，胡氏認為寒山時代，應在公元七〇〇——七八〇年之間，此為近代中國學者研究寒山時代最早之一說。（按：清王漁洋亦曾懷疑寒山時代之真實性，並謂為元和人，但未舉確證）

㈡趙滋蕃先生說

趙滋蕃先生在一九七〇年三月末到四月四日於〈中央副刊〉發表〈寒山子其人其詩〉一文中指出，寒山時代大抵由貞觀中，到開元、天寶間，約在公元六四二——七四二年之間。這是「舊說」與「胡適之說」之折衷主義。

(三)魏子雲先生綜合說

魏子雲先生在臺灣〈聯合副刊・寒山子其人其詩之我觀〉一文中，略引錢穆先生發表於香港《新亞書院學術季刊》第一期〈讀寒山詩〉一文，引述余嘉錫《四庫提要辨證》一書，對寒山之時代，加以懷疑，認為寒山子其人出處，頗有「問題」。（按：此人之懷疑，是否受日本學人之「寒山可疑論」之影響，不得而知）

我沒有讀過余嘉錫氏及錢穆先生之文，不能斷定他們估定寒山子時代之大略。但其保守的論點，認為寒山晚於天寶，或根本沒有其人，其詩為「集體創作」。

(四)歷史舊說

據宋《寒山子詩集》之〈拾得錄〉云：「豐干禪師、寒山、拾得者，在唐太宗貞觀年中，相次垂跡於國清寺。」此後凡辭書及文學史家，均以據引。

我個人於一九七〇年夏，讀《台州府志》，發現該志職官名錄中，有〈寒山子詩序〉作者閭丘胤（按：作「蔭」其人，名下注明為寒山詩序者，時為貞觀台州刺史，在有唐一代，名列第七位，上一章已詳述）。

當時我認為康熙六十一年版的《台州府志》，乃據舊志翻刻，不疑有他，且寒山之詩，頗有齊梁風，言兵事，也近似初唐社會背景，因此，認為寒山的時代，應在公元五八〇——六八〇年之間。孤證雖然「薄弱」，但畢竟讓我找到一項「半官方」史料，頗為竊喜一番！此後，我追蹤寒山子的工作並沒有放棄，現在，因為有了較新的證據，與我原有的資料，形成兩極，並與上述各家考證，亦不盡同，爰為之拈出。

二

我所依據的，是《寒山詩集》中三首詩，和序中所謂「朝議大夫，使持節台州諸軍事守刺史，上柱國，賜緋魚袋，閭丘胤撰」這第一行中的「使持節」與「緋魚袋」二詞，很值得懷疑，為行文方便，茲依次求證。

㈠使持節

錢穆先生《國史大綱》上冊三四二面說：「高宗永徽以後，都督帶『使持節』（猶全權印信），謂『節度使』。」至於刺史全銜帶「使持節」，《歷代職官表》云：「唐以降無論州之等級如何，刺史之官銜中始終猶帶『持節軍事』字樣。例如『蘇州刺史』全銜為『使持節蘇州諸軍事刺史……』

直到宋代，雖是虛文，亦因本州皆有州兵。」職是之故，閭丘胤之在台州「持節」，在貞觀中來說，是不能成立的。

「使持節」之制，本自晉始，而唐代則自永徽以後加於刺史。

㈡緋魚袋

所謂「緋魚袋」，這種東西，它底先人，乃是古代「君臣之間」的信物。

《說文》云：「節，竹約也。」段玉裁註：「約，纏束也，竹節如纏束狀，後引為『生死事小，失節事大』之節。符節，使者持以示信也。」

「緋魚袋」，即是唐代「信物」之一種。

古代之節有六：凡邦國之使節，山國用虎節，土國用人節，澤國用龍節，皆金質。《周禮》注云：「山多虎，平地多人，澤多龍，以金為節鑄象。」

後來之「符」，則引申於「節」，所謂「若合符節者」。列國時使者，各用人、龍、虎節，以為信道之物，觀其用虎節，知自山國來，人、龍亦然。《史記・信陵君傳》云：「戰國信陵君，盜晉鄙兵符，奪其軍以救趙。」可見「符節」初作信物。

古人佩符，以金、玉、銅、竹、木為之，上刻文字，剖為左右兩半，如朝廷與封外職官，兩方欲執以為信（表盡忠職守），則半存朝廷，半付外官，朝廷有事，遣使持半符至，外官持另一半，勘合之，以驗真偽。同時主帥與守將之間也用。《史記・外戚傳》記漢文帝時竇皇后初立，其弟廣國，幼為人略賣，至是入長安，上書自陳，述其縣名及姓，又謂嘗與姊採桑而墮，用為「符信」，帝問后，果是。

所謂「符」者，實即「節」上所繪之圖形，後引申為「符」。我們所討論的「緋魚袋」裏，放的是「魚符」，魚形的符，其制亦類古之「龍節、虎節」。

《唐書・車服志》載：「高祖入長安，罷隋『竹使符班，銀兔符』，其後改為『銅魚符』，以起軍旅易守，長京都留守，折衝府提兵鎮守之所，及左右金吾、宮苑、總監、牧監，皆給之。……」又說：「皇太子監國，給雙龍符，左右皆十兩，兩京北都留守，給麟符，左二十，右十九。東方諸州，給青龍符，南方諸州，給朱雀符，西方諸州，給騶虞符，北方諸州，給玄武符，皆左四右三。左者進內，右者付外，行軍所亦給之。隨身魚符者，以明貴賤，應召命，左二右一，左者進內，右者隨身，……皆題姓名（於符上），官有二者，加左右，皆盛以魚袋，三品以上，飾以金，五品以上飾銀。

「高宗（李治）給五品以上，隨身銀魚袋，以防召命之詐出，納必合之，三品以上金飾。垂拱中（武則天——六八五——六八九）都督、刺史始賜魚。天授二年（六九一）改佩魚為龜。其後三品以上，龜袋飾以金，四品以銀，五品以銅。中宗罷龜袋（七〇五），復給以魚，郡王、嗣王亦佩金魚袋，景龍中，令特進佩魚，散官佩魚，自此始也。

「然員外郎，試檢校官不佩魚。景雲中，詔紫衣者，魚袋以金飾之（三品），衣『緋』者以銀飾之（四品）。開元初（七一三）駙馬、都尉從五品者，假紫金魚袋，都督、刺史品卑者，假『緋魚袋』。……中書令張嘉貞奏：致仕者，佩魚終身，自是百官賞緋紫，必兼魚袋，謂之『章服』（即禮服）。當時服朱紫者眾矣！」

《唐會要》三十一卷說：「貞觀四年八月十四日詔曰：冠冕制度，以備令文，尋常服飾，未為差等。於是三品以上服紫，四品、五品以上服緋，六品、七品以綠，八品、九品以青。婦人從夫之色。」

高宗上元元年八月二十一日敕：文武三品以上服紫，四品服深緋，五品服淺緋，六品深綠，七品淺綠，八品深青，九品淺青。

同卷「內外官章服」條云：「舊制，凡授都督、刺史，皆未及五品者，並聽著緋，佩魚，離任則聽之。……」

垂拱二年（六八七）正月二十日敕文（則天聽政）：諸州刺史、都督，並京官帶魚。

同卷「魚袋」條：「永徽二年（六五一）四月二十九日，開府儀同三司，及京官文武職事，四品五品，並給隨身魚袋。五年八月十四日敕：『恩榮所加，本緣品命，帶魚之法，事彰要重，豈可生平在官，用為褒飾，纔至亡歿，便即追收？尋其始終，情不可忍』，自此以後，五品以上薨亡者，其隨身魚袋，不須追收。」

（按：魚袋延至宋時，已淪為官員之飾物，不再為信物了。持節軍事之邊官亦然。）

＊

蘇氏記云：「自永徽以來（六五〇），正員官始佩魚，其離任及致仕，即去魚袋。員外、判官、檢校等官，並不佩魚。」

（按：蘇氏，為《唐會要》最初作者，杭州刺史蘇弁、蘇冕兄弟，述高祖至德宗之間九朝政聞。）

我們從《唐書．車服志》、《唐會要》研究，凡佩帶「緋魚袋」的政府官員，自六五〇年以後開始，且官必五品，封疆官必都督、刺史而後可。

閭丘胤（設有其人）的緋魚袋，自必在高宗永徽以後才能佩帶，那麼，假使有閭丘胤這個人，也是公元六五〇年以後的事。否則便是後人託閭丘胤之名，為寒山之序，而不明貞觀之制。

㈢萬迴師

寒山詩云：「自聞梁朝日，四依諸賢士。寶志『萬迴師』，四仙傅大士。顯揚一代教，作持如來使……」。

由詩中結構研究，萬迴師，應該與高僧寶志同是梁武帝時人；且日人註寒山子詩，云萬迴師與寶志同時受武帝之禮，設若如此，這首詩已無任何問題可言。

今查《梁書》及《高僧傳》，均無其人，日人據何書肯定萬迴師為武帝時人，則語焉不詳，一時甚難定案。而目前諸大辭書中所列之「萬迴師」，則另有其說。且為武則天時人。

據魏子雲文中曾云，余嘉錫氏《四庫提要辨證》曾據萬迴師考證，傍徵寒山子乃天寶以後的人，惟語意簡略，不足詳析。

今查《談賓錄》及《兩京記》云：

萬迴師，閿鄉人也，俗姓張氏，初母祈於觀音像，而因妊迴，迴生而愚，八九歲乃能語，父母亦以豚犬畜之。年長，父令耕田，迴耕田直去不顧，口但連稱「平等」，因耕一壟，耕數十里，遇溝坑乃止，其父怒而擊之，迴曰：「彼此總耕，何須異相？」乃止擊而罷耕。

迴兄戍役於安西，音問隔絕，父母謂其死矣，日夕泣涕而憂思焉。迴顧父母感念之甚，忽跪履言曰：「涕泣非憂兄耶？」父母且疑且信曰：「然。」迴曰：「詳思我兄所要者，衣裘糗糧巾而之屬，請悉備焉，某將往之。」

忽一日朝，齎所備而往，夕返其家，告父母曰：「兄平善矣！」視之乃兄跡也。一家異之，弘農抵安西，蓋萬餘里，以其「萬里迴」，故曰：「萬迴」也。

又云：先是玄奘法師，自佛國取經，見佛龕題柱曰：「菩薩萬迴，謫向閿鄉教化，奘師馳驛至閿鄉縣，問此有「萬迴師無？」令呼之，萬迴至，奘師禮，施三衣、瓶缽而去（按：〈玄奘法師傳〉中，無此說）。

後則天迎入內，語事多驗，時張易之大起宅第，萬迴嘗指曰：「將作。」人莫之悟。及易之伏誅，以其宅為「將作監」。又嘗謂韋庶人及安樂公主曰：「三郎斫汝頭！」韋庶人（按：即中宗之后，後貶庶人）以中宗行三，恐常生變，遂鴆之，不悟為玄宗所誅也。

睿宗在「藩邸」時或遊行人間，萬迴於聚落街衢中，高聲曰：「天子來。」或曰：「聖人來！」其處信宿間，睿宗必經過徘徊也。惠莊太子，即睿宗第二子也，初則天以示萬迴。萬迴曰：「此兒是西域大樹精，養之宜兄弟。」後生申王，儀表瓌偉，善於飲啖。景龍中，時時出入，士庶貴賤，競來禮拜，萬迴披錦袍，或笑或罵，或擊鼓，然後隨事為驗，太平公主為造宅於己宅之右，景雲中（七一〇——七一二），卒於此宅。……（《太平廣記》亦載）

中唐詩人僧皎然有〈萬迴寺〉詩云：

萬里稱逆化，愚蠢性亦全；紫綬施身上，妖姬安膝前；
見他拘坐寂，故我是禪眠；吾知至人心，杳若青冥天！

這個「萬迴師」事跡極多，且祀之有寺，傳奇撰之，詩詠之。寒山詩詠萬迴（按：若是此一萬迴），則寒山子時代的終點，便要更下一步，退到七一二年以後。

㈣南院考

又寒山詩〈箇是何措大〉云：

箇是何措大，時來省南院，年可三十餘，曾經四五選，
囊裏無青蚨，篋中有黃絹，行到食店前，不敢暫迴面。

這首敘事詩，顯然暗示一個考生屢試不第的故事，也許就是「寒山子」自己。詩中的「南院」，頗值得推敲！

「南院」，便是禮部放榜的地方，前稱「南省」。是主管會試之處。因為會試之後，要在南院的牆上放榜，猶如今天高普考在考選部的門前放榜一樣，所以考生們要「時來省南院」。

五代王定保的《唐摭言》卷十五〈雜記〉說：「貞觀初，放榜日，上私幸『端門』，見進士於榜下綴行而出，喜謂侍臣曰：『天下英雄，入吾彀中矣！』進士榜頭，豎貼黃紙四張，以氈筆淡墨袞轉書曰：『禮部貢院』四字。」

可見貞觀時，禮部辦公處不叫「南院」。

南院，乃禮部主事受領文書於此，凡榜樣及諸色條流，多於此列之。

——南院放榜，張榜之牆，乃南院之東牆。係別築一堵，高丈餘，外有壖垣，未辨色，即自「北院」就南院張之。元和六年，為監生郭東里決破棘籬（按：籬在垣下，南院正門外也有），坼裂文榜，因之後來多虛榜自省門而出，「正榜」張亦稍晚。

元和時進士陳標詩曰：

春官南院院牆東，地色初分月色紅；文字一千重馬擁，喜觀三十二人同；

眼前魚變辭凡水，心逐鶯飛出瑞風；莫怪雲泥從此別，總曾惆悵去年中！

李肇《國史補》云：「自開元二十二年吏部置『南院』，始懸長名，以定留、放。」

《唐會要》也說：「開元二十八年八月，以考功貢院地，置吏部南院，以置選人文書，或謂之選院。」

以上兩說，相差六年，不知何者為正。

惟據上文，我們了解唐代取士，先從禮部會試，錄取為「進士」。但進士不過是一個「學位」，而不以此「授官」，要授官，再須通過吏部另一關「用人考試」。

吏部的考試，以「書判」為標準，到武則天以後，才正式規定。文考，武考均須通過「身、言、書、判」的四目考查，放榜後，才定「留、放」。這是吏部考試授官的結果。這在《唐書·選舉志》及《唐會要》都有詳細記載。馬端臨的《文獻通考》，晚於《唐會要》，亦加引證，此處不再詳述。

由此，我們知道吏部的南院，是禮部的貢院改設，以為「考試授官」之用。這在唐貞觀以前是沒有的。據確史，文起八代之衰的韓愈，也沒有通過「吏部的授官考試」，而是別走他徑。

如果，在開元二十二年，南院的名詞才正式產生，則寒山子的年代，又要向下移，要晚到公元七三四年以後才合理。

㈤吳道子

寒山另一首七言古詩云：

余見僧繇性希奇，巧妙間生梁朝時，道子飄然為殊特，二公善繪手毫揮，
逞畫圖真意氣異，龍行鬼走神巍巍，饒邈虛空寫塵跡，無因畫得志公師。

這首詩裏的「道子飄然為殊特」的道子，乃是詩中所示「余見僧繇性希奇」的僧繇的對稱。僧繇，即晉時大畫家張僧繇。道子，則是唐代畫聖吳道子。這兩位畫家，都是中國藝術史上祖師輩的大人物。

《宣和畫譜》說：「吳道元，字道子，陽翟（今河南禹縣）人也，舊名道子，少孤貧，遊洛陽，學書於張旭、賀知章不成，因工畫，未冠，深造妙處，若悟之於性，非積習所能，致初為兗州瑕丘尉，明皇聞之，召入供奉，更復今名，以道子為字。由此名震天下，大率師法張僧繇，或謂為後身焉。至其（作畫）態度縱橫，與造物上下，則僧繇不能及也。

「世謂顧愷之畫鄰女，以棘刺其心，而使之呻吟；道子畫驢於僧房，一夕而聞有踏藉破迸之聲。僧繇畫龍點睛，則聞雷電破壁飛去。道子畫龍則鱗甲飛動，每天雨則烟霧生。且顧冠於前，張絕於後，道子兼而有之。」

道子遺畫九十三幅，多為佛像，尤工壁畫。

唐張彥遠《歷代名畫記》說：「道子，一名吳道玄，因寫蜀道山水，始創山水之體，自為一家。張懷瓘云：吳生之畫，下筆有神，是張僧繇後身也。」

明成都楊慎《畫品》說：「畫家以顧（愷之）、陸（探微，顧之弟子）、張（僧繇）、吳（道子），為畫家之四祖。」

又云：「北齊曹仲達畫人物，衣服緊窄。唐吳道子，畫衣服飄舉。時人語曰：吳帶當風，曹衣出水。」又云：「吳道子作佛圓光，風落電轉，一揮而成。」

寒山子這句「道子飄然為殊特」，便是《畫品》之先驗。而且在唐以前，絕沒有可與張僧繇並稱的畫家（按：南齊有個鄭鮮之，字道子，不是畫家）。

吳道子大約生於武則天聖曆（六九八）前後，卒於七九二年，活了九十多歲，在三十多歲進京，接受明皇徵召，德宗貞元八年才去世。

寒山子這首詩，顯然是他的後期作品（按：本書附錄，曾加以分期），此時久已寒巖入佛，是故寒山子的時代，已落吳道子之後，再向下順延，到公元八〇〇年以後。

大凡傳奇，或一個掌故之形成，必須付出若干年代，才能流遍天下。古代之交通僻塞，民智未開，全靠做官人與讀書人口口相傳，或由詩詞傳播。我想寒山子時代的尾聲，該在公元八二〇年左右。整個時代，當約公元七〇〇年到八二〇年之間。

綜覈上述四項史料，所引寒山子時代考證之第二說——趙滋蕃說，固無法成立。胡適之說及魏子雲說，稍近事實，但仍有距離。

現在我們要徹底否定的，是「歷史舊說」。在否定舊說之先，我們必須完全確定「新說」。而舊說之所以還有勢力，因為我們沒找到「詩序」作者「閭丘胤」這個人。其次，我們也沒有完全否定〈拾得錄〉中所謂「貞觀」云云。

「他們」為什麼要造成「煙幕」（按：假使有人故意作假的話）？同時《台州府志》跟著錯，是不是也根據〈拾得錄〉假定排列一個刺史閭丘胤。

如果我們找不到「閭丘胤」，則現在的考證，依然在「假設階段」——雖然證據更多，更可靠些。只是我們第一手的客觀史料尚未建立，所以我們依然要繼續掘歷史的墳墓。

我記得胡適之先生說，在宋以前，《寒山子詩集》末尾沒有「豐干、拾得」的附錄（見胡著《白話文學史》）。而胡先生研究的廣泛，與小心求證的精神，我們不敢貿然抹煞！雖然，宋以前「寒山詩」中未見「拾得附錄」，但拾得其人，卻在唐人釋貫休詩中發現（按：這首詩，將在下章提出研究）；這些矛盾、糾葛，都有待一一為之清理。

關於「閭丘胤」這個人，日本津田左右吉，在他的〈寒山詩與寒山、拾得之說話〉一文中，考證在唐道宣律師的《續高僧傳》卷二十五〈智儼傳〉中有「麗州刺史閭丘胤」其人，時代是初唐，但不是「台州」。

復次，詩序作者之名，除汲古閣本，揚州藏經院本《寒山詩集》作「閭丘胤」之外，《台州府志》則作「閭丘蔭」（按：或係撰者避諱）。但在《四庫要目》及《全唐文》一六二卷十六頁均作「閭丘允」。究竟是「閭丘允」？「閭丘胤」？還是「閭丘蔭」？都煞費推敲。閭丘「允、胤、蔭」，是真有其人，還是偽託呢！——我在全唐「進士錄」中，亦未發現。我們如能作地毯式追蹤搜索，即使偽託，也必須還他一個真面目。（按：蔭、允二字均可能避宋太祖趙匡胤之諱）

不過，我們相信，假以時日，寒山子的真面目，必將水落石出。這對整個中國文學人物史而言，還真是一項新的、刺激的考驗，一項真理的煎熬！

四、《全唐詩》裏見寒山

一

寒山子的真容，我們誠然還沒有第一手資料用以繪製，而寒山子的電影拷貝，從近來中外文學家的抽絲剝繭，與他的詩作之內證，「貞觀時代」的寒山，已完全不能存在。

浮現在寒山子周遭的歷史雲霧，只證明他被後人所播弄，他這個寒巖的「老客」，在孩子們的筆下，經過多番琢磨雕鑿，益顯其莊嚴古傲，笑矜風月了。他畢竟是我們歷史的產物，是我們文化的投影，是我們中國中古人文精神的象徵，代表著佛家的千古高風；使之建立一種永垂不朽的寒山模式——一種人成佛成的偉大公式。

我之著筆此文，再度從四萬八千九百多首唐詩中，找尋寒山真跡，其目的在於進一層估計寒

山史實之可信，與突出其高古純真之面目。

本文前提，我們先要決定的是：

一、北宋以前，有無「豐干、拾得」的記載，用以證明天台三聖之確無置疑（按：因胡適之先生《白話文學史》二四二——二五二面，認宋以前無此二人紀錄，因此必須確證而不盡信傳說）？

二、中、晚唐間，以「寒山」入詩鑄句，達到何種程度？其流行面，最初在那一時間層？

三、如果證明寒山子時代，確實在公元七〇〇——八二〇年之間，此間是否有接近於第一手資料可能（按：包括一切史料在內）？

為了查證周密，我們盡可能不放過任何一首鑄有「寒山、拾得」，或「豐干」的詩句，甚至不放過「寒巖、木屐、樺冠、花巾」，以及傾向於他們音容笑貌的鋪陳、暗示。這一查證過程很長，也很嚴謹。

基於此一原則，我僅將所得的史料，以《全唐詩》函數序列，並以物象與心象為分野，依時間先後，一併臚列，並作辯證的論列與分析。

二

本節先引「物象」的寒山。因為唐人詩中涉及「寒山」一詞的詩句很多。上自初唐，下到五代，在文法分析上，大多數「寒山」都是「寒冷的山」，是一組「物象」，而非賦以生命的「寒山子」，而「心象」的寒山老客，則於下一節據引。

從《全唐詩》第一函開始，李百藥的詩中，便見於〈文德皇后挽歌〉：「寒山寂已暮，虞殯有餘哀。」（《全唐詩》一函九冊）這位貞觀時代的老臣，寫的自然不是什麼「貞觀初年的寒山子」。而這類「寒山」，古人引用當不始於有唐。

同函劉褘之〈酬鄭沁州〉有句：「寒山斂輕靄，霽野澄初旭。」（《全唐詩》一函同冊）

同函楊炯〈和酬虢州李司法〉：「寒山抵方伯，秋水面鴻臚。」（《全唐詩》一函十冊）

劉希夷〈孤松篇〉有句：「寒山夜月明，山冷氣清清。」（《全唐詩》二函三冊）

劉長卿〈宿北禪寺蘭若〉有句：「青松臨古路，白月滿寒山。」又〈吳中聞潼關失守因奉寄淮南蕭判官〉：「蕭條長洲外，唯見寒山出。」（均見《全唐詩》三函一冊劉詩卷一及卷三）

杜甫〈北征〉有句：「前登寒山重，屢得飲馬崖。」（《全唐詩》四函一冊）

錢起〈貞懿皇后挽詞〉有句：「曉月孤秋殿，寒山出夜臺。」（《全唐詩》四函五冊）

韓翃〈送李侍御赴徐州行營〉：「客夢依依處，寒山對白樓。」又〈送夏侯校書歸上都〉：「暮雪重裘醉，寒山匹馬行。」又〈送韋秀才〉：「寒山落葉早，多雨路行遲。」（均見《全唐詩》四函五、六冊）

耿湋〈上將行〉：「旌旗四面寒山映，絲管千家靜夜聞。」（《全唐詩》四函十冊）

盧綸〈至德中途中書事卻寄李㑥〉：「路遠寒山人獨去，月臨秋水雁空驚！」（《全唐詩》五函二冊）

李益〈春夜聞笛〉：「寒山吹笛喚春歸，遷客相看淚滿衣。」（《全唐詩》五函三冊）

司空曙〈深上人見訪憶李端〉：「雁稀秋色盡，落日對寒山。」（《全唐詩》五函四冊）

崔峒〈題桐廬李明府官舍〉：「流水聲中視公事，寒山影裏見人家。」（《全唐詩》五函四冊）

劉商〈觀獵〉三之二：「日隱寒山獵未歸，鳴絃落羽雪霏霏。」（《全唐詩》五函六冊）

竇參〈遷謫江表久未歸〉：「便為寒山雪，不得隨飛龍。」（《全唐詩》五函七冊）

楊巨源〈送澹公歸嵩山龍潭寺葬本師〉：「雙樹為家思舊壑，千花成塔禮寒山。」又〈贈侯侍御〉：「舊葉餘荒草，寒山出遠林。」（《全唐詩》五函九冊）

王涯〈望禁門松雪〉：「詎比寒山上，風霜老昔容。」（《全唐詩》六函一冊）

柳宗元〈遊南亭夜還敘志〉七十韻：「木落寒山靜，江空秋月明。」（《全唐詩》六函一冊）

劉禹錫〈罷和州遊建康〉：「秋水清無力，寒山暮多思。」（《全唐詩》六函二冊）

張籍〈寄靈一上人初歸雲門寺〉：「寒山白雲裏，法侶自招攜。」（《全唐詩》六函六冊）

白居易〈松聲〉：「寒山颯颯風，秋琴泠泠雨。」又〈和杜錄事題紅葉〉：「寒山十月旦，霜葉一時新。」（《全唐詩》七函一、六冊）

李德裕〈月桂〉：「何年霜夜月，桂子落寒山。」（《全唐詩》七函十冊）

施肩吾〈秋夜山中贈別友人〉：「何處邀君話別情，寒山木落月華清；莫愁今夜無詩思，已聽秋猿第一聲。」（《全唐詩》八函二冊）

姚合〈山中述懷〉：「為客久未歸，寒山獨掩扉。」（《全唐詩》八函三冊）

周賀〈出關後寄賈島〉：「歸人值落葉，遠路入寒山。」（《全唐詩》八函四冊）

許渾〈王可封臨終〉：「今朝埋骨寒山下，為報慈親休倚門。」（《全唐詩》八函八冊）

劉得仁〈送僧歸玉泉寺〉：「亂木孤蟬後，寒山絕鳥時。」又〈題邵公禪院〉：「樹向寒山得，人從瀑布來。」（《全唐詩》八函十冊）

馬戴〈夜下湘中〉：「露洗寒山遍，波搖楚月空。」（《全唐詩》九函二冊）

賈島〈崇聖寺斌公房〉：「落日寒山磬，多年壞衲衣。」（《全唐詩》九函四冊）

劉滄〈咸陽懷古〉：「風景蒼蒼多少恨，寒山半出白雲層。」（《全唐詩》九函六冊）

陸龜蒙〈小桂〉：「才高不滿意，更自寒山移；宛宛別雲態，蒼蒼出塵姿。」（《全唐詩》九函十冊）

司空圖〈率題〉：「一林高竹長遮日，四壁寒山更閏冬。」（《全唐詩》十函一冊）

張喬〈郢州即事〉：「孤城臨遠水，千里見寒山。」（《全唐詩》十函一冊）

方干〈鏡中別業〉二之一：「寒山壓心鏡，此處是家林。」又〈途中言事寄居遠上人〉：「白雲曉濕寒山寺，紅葉夜飛明月村。」（按：詩中之「寒山寺」，乃物象，非蘇州的寒山寺。《全唐詩》

十函三冊）

杜荀鶴〈送僧赴黃山沐湯兼參禪宗長老〉：「不愁亂世兵相害，卻喜寒山路入深。」又〈秋日山中寄池州李常侍〉：「風凋古木秋陰薄，月滿寒山夜景虛。」（《全唐詩》十函八冊）

孟賓于〈湘江亭〉：「寒山夢覺一聲磬，霜葉滿林秋正深。」（《全唐詩》十一函四冊）

沈彬〈塞下〉三之二：「塞葉聲悲秋欲霜，寒山數點下牛羊。」（《全唐詩》十一函五冊）

無可〈贈詩僧〉：「寒山對水塘，竹葉影侵堂。」（《全唐詩》十二函一冊）

皎然〈槃經義〉：「古磬清霜下，寒山曉月中。」又〈九日同盧使君幼平吳興郊外送李司倉赴選〉：「曠野多搖落，寒山滿路隅。」又〈聞鐘〉：「古寺寒山上，遠鐘揚好聲。」又〈妙喜寺達公院賦得夜磬送呂評事〉：「一磬寒山至，凝心轉清越。」（《全唐詩》十二函二冊）

復有聯句：「獨與寒山別，行當暮雪時。」（見《全唐詩》十二函八冊曾晝句）

上述所錄唐人「寒山」之吟，率多情境高遠，描景幽深，不僅足資一證此詞為物象之白描，亦可供吾人把玩吟哦，怡情適性，可見唐人功力一斑。

至於更著者，則有李白之〈菩薩蠻〉：「平林漠漠烟如織，寒山一帶傷心碧，暝色入高樓，有人樓上愁；玉階空佇立，宿鳥歸飛急，何處是歸程，長亭更短亭。」（按：此詞亦作無名氏所作，惟迄無定論。見《全唐詩》十二函十冊）

杜牧的〈山行〉，尤膾炙人口：「遠上寒山石徑斜，白雲深處有人家（按：深，亦作生字）；

停車坐愛楓林晚，霜葉紅於二月花。」（列入《全唐詩》八函七冊）

這一節「物象」的寒山，都與寒山子無關，但是在史料的搜羅與比較上，我們亦不能棄之不錄。

其次，有關蘇州寒山寺的詩，頗令人誤認前人入詩的寒山寺，就是寒山子到過的寒山寺，而不知此寺之供奉「寒山、拾得」像，實非唐時。而寒山寺之建，也遠在隋代，因寺而將寒山子引入天寶以前者，以張繼的〈楓橋夜泊〉為著；其實，在唐人詩中，引蘇州「寒山寺」者，並非張繼一人。

三

唐人詩中，以寒山寺入題者，自以張繼為早，其詩云：「月落烏啼霜滿天，江楓（一云江村）漁火對愁眠；姑蘇城外寒山寺，夜半鐘聲到客船。」（見《全唐詩》四函六冊張繼詩第四頁）此詩「寒山寺」部份之討論，將於下章〈寒山子傳奇〉，再作贅述。詩中「愁眠」一詞，則語意雙關，實指太湖中一島名；今多釋為情緒上的感嘆，又張繼作品，時人多謂傳世者，僅此一首絕唱，其實，《全唐詩》收繼詩一卷，總四十八首之多。

張繼字懿孫，襄州（今湖北襄陽）人，登天寶進士第，大曆末，檢校戶部員外郎，分掌財賦於洪州。高仲武謂，其累代詞伯，秀發當時，詩體清迴，有道者風。

張繼的時代，相當於公元七一五——七八〇年。然其詳細生卒年月不可考。

稍晚一點的，是韋應物。

韋應物做蘇州刺史時有〈寄恒粲〉一首：「心絕去來緣，跡順人間事；獨尋秋草徑，夜宿寒山寺；今日郡齋閒，思問楞伽字。」（見《全唐詩》三函七冊韋詩卷三）

韋應物，是京兆長安人，少以三衛郎侍明皇。晚更折節讀書，大曆十四年，自鄠令制除櫟陽令，辭不就。建中三年，拜兵部員外郎，出為滁州刺史。久之，調江州，追返闕，改左司郎中，復出為蘇州刺史。此時韋已六十歲以上。應物性高潔，所在焚香掃地而坐，惟顧況、劉長卿、丘丹、秦系、皎然之儔，則側賓客，與之酬唱。

韋應物，是唐詩上第二個涉及蘇州寒山寺的作家，這首詩道氣很重，所以不及張繼那首入世之深。韋應物的時代，是從公元七二五年，到八一五年左右，活了九十歲，留下作品十卷之多。

第三位寫「寒山寺」的詩人，是劉言史，時代較晚，與李賀同時，是公元九世紀初的作家。他有〈送僧歸山〉一首云：「楚俗翻花自送迎，密人來往豈知情；夜行獨自寒山寺，雪徑泠泠金錫聲。」（見《全唐詩》七函九冊劉詩第八頁）

在劉言史的生命中，雖未明確地肯定他到過蘇州，可是他這首詩的空間，是「楚地」，則指的是真正的「寒山寺」而非「寒山上之寺廟」。他是河北邯鄲人，也許到過江南吳地！

歷史上的寒山寺，恐怕很難找到第二家；而這家寒山寺，同樣被歷史的雲霧迷濛，正如寒山子的面目一樣。

我們對歷史上的寒山子與寒山寺，正為其充滿神祕與迷濛，才也浸透了無限的詩意與禪意。因此，就有人說，我們知道寒山子的這個「老客」與這個老客的詩就夠了，不必再強知他的面目了吧！這話是太「禪」了，也太哲學化了。對於發皇寒山子的東方中古精神，與突出其不朽高風是衝突的。

四

在《全唐詩》中，與寒山子真跡有血肉牽連的作品，日本學者已發現咸通詩人李山甫，有一首詩提到過（按：這是三年前張曼濤兄告訴我的），從那時起，我便下定決心檢閱《全唐詩》。我想前人（甚至今人）很少把《全唐詩》及《全唐文》（按：我準備再費點時間讀《全唐文》及全部唐人筆記小說）細密地讀完。

就我查證所得，唐詩中與寒山子有直接關連者，有三首。有間接關連者，也有三首。這六首詩表現的，都是心象，而非物形。

現在，將這六首詩依時序排列，逐一據引：

㈠〈天台獨夜〉

銀地秋月色，石梁夜溪聲；誰知屐齒盡，為破煙苔行。

㈡〈送寒巖歸士〉

不挂絲纊衣，歸向寒巖棲；寒巖風雪夜，又過巖前溪。

這兩首詩的作者是徐凝。徐凝這個人，據《全唐詩．小傳》上說，他是睦州（今浙江建德）人，元和中，官至侍郎。（《全唐詩》七函十冊徐詩第二頁）

另據《唐詩紀事》卷七十二云：他曾與當時在杭州當刺史的白居易唱和。樂天稱他為「徐處士」，可見他當時並未做官，也許致仕了。那時白樂天五十一歲（大約），徐凝也不會少於五十，或者更大。時間是長慶二年到四年（八二二——八二四），這時距元和末，只一兩年。而白居易出任杭州刺史時，是公元八二二年（長慶二年）七月十四日（十月一日赴任），八二四年（長慶四年）任滿，五月離杭回朝。史料證明徐凝在長慶間還在人世，他寫這兩首詩，則在稍早幾年的元和，或更早。

徐凝第一首，證明他本人確在天台住過，並非如孫綽的〈天台山賦〉，全是杜撰。由於他是浙江人，又在天台住過，本身是隱者，也結交隱逸之士，而徐凝的時代，剛好與我們已查證的寒山子時代相交疊，所以他的〈送寒巖歸士〉，就顯得意義極不尋常。從這短短的二十個字的五言詩裏，固未必然地直指寒山子真跡，而「寒巖」二字，卻因寒山子而普為應用。《全唐詩》中，除了第十

四、《全唐詩》裏見寒山

二函第一冊由寒山子本人多次引用，這「寒巖」幾乎成為他的專用地名。就好像白居易的「香山」，蘇子瞻的「東坡」一樣，不容與他人相混淆。同時《全唐詩》裏，除寒山子外，沒有一家以「寒巖」二字入詩成誦，這因為別人從不知道有這個寒巖；誰也沒聞過，誰也未住過。——這是最大的嫌疑——我極懷疑，徐凝的〈送寒巖歸士〉裏的「寒巖」，極可能就是寒山子的「寒巖」；而詩中寒巖「歸士」，就是天台縣西北寒石山上「貧士寒山子」。

我們要知道，寒山子的生命，活在天台，幾乎七十多年，識得他的，不只是國清寺的釋子和一些道觀裏的道士；當地的老百姓以及尋隱訪道的逸人，為了好奇好道而識得他的，必非無人。只因為寒山子這個人，諱言真跡，跡近風顛，愚人不注意罷了；但是，他的詩卻遍寫在樹上、石上、崖上、牆上，難道詩人也不注意嗎？

而這個好奇好道的徐處士，極可能就是與寒山子有一面緣的直接證人（按：另據《趙州語錄》也有趙州禪師在國清寺與寒山相搏的公案）。

寒山子之名，本因地名而名。在他的詩裏，則遍以寒山、寒巖、翠巖、綠巖入句；其實，據《讀史方輿紀要》台州條云：寒巖，亦云寒石山。巖名乃由「寒山」而來，寒山則以「寒山子」而名世。另據《台州府志》：寒山，本名翠屏山，在天台縣西（偏北）七十里，並附山圖以資查對。

寒山子入山後，不自露本象，即以寒山為名，另以「寒巖」為安身立命之代表，正如陶淵明之與彭澤。

茲引寒山子詩有「寒巖」諸句為證：

寒巖深更好，無人行此道。……（見附錄寒山詩重組第三十一首）

棲遲寒巖下，偏訝最幽奇。……（同錄第三十八首）

獨迴上寒巖，無人話合同。……（同錄第六十八首）

寒巖人不到，白雲常靉靆。……（同錄第七十四首）

我自遯寒巖，快活長歌笑。……（同錄第一五五首）

以上都是嵌有「寒巖」的獨特用句；另如僅用「巖」代替寒巖的，有：

重巖我卜居，鳥道絕人迹。……（第二十六首）

今日巖前坐，坐久煙雲收。……（第五十三首）

獨臥重巖下，蒸雲晝不消。……（第五十六首）

歸來翠巖下，席草翫清流。（第十九首）

任你天地移，我暢巖中坐。（第二十五首）

重巖中，足清風，……（第一〇六首）

巖前獨靜坐，圓月當天耀，……（第一二八首）

寒山無漏巖，其巖甚濟要，……（第一五五首）

千年石上古人蹤，萬丈巖前一點空。……（第一五八首）

眾星羅列夜明深，巖點孤燈月未沈。（第一五九首）

不學白雲巖下客，一條寒衲是生芽。（第二五二首）

或向前谿照碧流，或向巖邊坐磐石。（第一六〇首）

我們從這些詩句中的物象，可以認識，「寒巖」之名，因「寒山」而顯。而「寒巖」之幽，是人跡稀少，與外界隔絕，所以除了身歷其境的隱者，很難知道，難怪《全唐詩》中，除寒山子和這位徐處士，就沒有第二人寫天台的詩，甚至寫山水景色，以「寒巖」一詞入唱的。

徐詩最後兩句「寒巖風雪夜，又過巖前溪」，與寒山子的「或向前谿照碧流」，都證明寒巖之前，是有一條溪的（按：谿與溪通）。

復次，前兩句的「不挂絲纊衣，歸向寒巖棲」，又多麼酷似樺冠、布裘破敝、木屐為履的寒山子啊！

寒巖既非地名，只是寒石山上一塊巨大的石峨，且非陶淵明式的雞犬相聞的世外桃源，世人根本難知，只以寒山子詩出，寒巖頓成了知識份子（尤其是詩人）的心象。因此，徐凝這首詩，在研究寒山子的當時真跡，極為重要。同時寒山子之沒世，就在這一世紀初期，公元八二〇年左右。

五

另一關鍵人物是晚唐詩人李山甫。李山甫，在咸通中（八六〇——八七三），累舉不第，依魏博幕府為從事，嘗隸事樂彥禎、羅弘信父子，文筆雄健（見《唐詩紀事》）。

李山甫的小傳中，所涉及的兩個人，以羅弘信的史料較全。

查樂彥禎出任魏博（今河北大名）節度使，在唐僖宗中和四年（八八四），歷任五個年頭，在最後一年，即文德元年，樂為軍事叛亂所殺，節度使由他的部將羅弘信出任，這年是公元八八八年。羅弘信做到光化元年死亡（八九八），由其子羅紹威接任，直到天祐四年（九〇七，唐亡），已入五代。這兩姓三人在魏博任內共二十三年（按：俱見《唐書・方鎮年表》）。

由這些史料推論，李山甫在咸通中，屢試不第，那時最少三十歲，到羅弘信父子幕下，是十世紀初年，李山甫年已入暮，將是六十左右老人了，他是否隨羅紹威入梁則不得而知。他的一生，大約在公元八三五——九〇五年，即唐敬宗太和中，到唐昭宗末年為止。

下面是李山甫的詩：

㈠〈賦得寒月寄齊己〉

松下清風吹我襟，上方鐘磬夜沈沈；已知「廬嶽」塵埃絕，更憶「寒山」雪月深；

高謝萬緣消祖意，朗吟千首亦師心；豈知名出徧諸夏，石上棲禪竹影侵。（《全唐詩》十函二冊第七首）

㈡〈山中寄梁判官〉（按：這首詩已為日本學者查證）

歸臥東林計偶諧，柴門深向翠微開；更無塵事心頭起，還有詩情象外來；

「康樂公」應頻結社，「寒山子」亦患多才；星郎雅是道中侶，六藝拘牽在隗臺。（《全唐詩》同上函同冊第八首）

第一首律句第一聯的「廬嶽」（指廬山），與「寒山」（按：這絕不是狀詞用為「寒冷的山」），是實對實的地名對偶。寒山就是指寒山子隱居的寒巖。否則，這個「寒冷的山」對「廬嶽」，豈不有失工整？因為「廬嶽」的「廬」，是不可以當作形容詞專用的。從下首詩中，可證這一首裏的寒山，所指非「寒山子之山」而莫屬。（按：李山甫寫這首詩，齊己住在廬山，當是齊己三十來歲之壯年，李山甫已是晚年）

第二首〈山中寄梁判官〉第二聯句：「康樂公應頻結社，寒山子亦患多才。」至此用謝靈運對寒山子，已百無可疑，被他的後來詩人展開引用了。

這兩首詩確寫於何時，殊不可考。但可斷言，必寫於豐知博聞的中年之後。而引用者，當不只李山甫一人，且李山甫亦非寒山入詩的第一人。僥倖的是，只有李山甫的詩尚留人世，惟更多的晚唐詩人「寒山之吟」，已隨兵燹馬亂而被歷史湮沒。

李山甫本人活在八三五（或稍晚）至九〇五年之間，也許更後一點；寒山詩，在山甫青年時期恐已有人知曉而流行。因此，寒山詩流行的時間層，應該在公元八五〇年為其開端，那是在寒山子隱沒之後二、三十年。

寒山子為一隱士，為一釋子。其詩經本人隱沒之後才有人收羅為之傳播，且當時人目之為佛偈者多，唱和者少（按：寒山詩中沒有一首唱和之作），所以比起李、杜、元、白在當代流行固不可及，而且還抵不上二流作家如賈島、盧仝之輩。

六

稍晚（或同時代）於李山甫而接近寒山時代的詩人，貫休上人，也有詩為紀。

貫休有〈寄赤松舒道士〉五律之一，詩云：

不見高人久，空令鄙恡多；遙思青嶂下，無那白雲何；

「子愛寒山子」，歌惟樂道歌；會應陪太守，一日到煙蘿。（見《全唐詩》十二函三冊貫休詩卷五第六十四首）

又題為〈送僧歸天台寺〉，詩云：

天台四絕寺，歸去見師真；莫折枸杞葉，令他「拾得」嗔；

天空聞聖磬，瀑細落「花巾」；必若雲中老，他時德有鄰。（見《全唐詩》十二函三冊貫休詩卷七第九首）

詩末註云：「天台國清寺有拾得，花巾即波羅巾也。」

由貫休詩證明，寒山、拾得在晚唐時已為人所悉。胡適之先生《白話文學史》所云「拾得不見宋以前的記載」（見胡著《白話文學史》二四八頁），已不能成立。換句話說，寒山、豐干、拾得該同時為歷史所承諾（豐干禪師尚未見確證），不可肯定為虛構。在本詩中，「拾得」固已出面作證，「花巾」也是他們當時服飾的標誌。

詩的作者貫休上人，本身是詩僧，他的時代，生年與李山甫接近，卒年則晚於李山甫。

《宋高僧傳》云：「貫休，字德隱，俗姓姜氏，蘭谿（浙江）人，七歲出家，讀經書，千字過目不忘，既精奧義，詩亦奇險，兼工書畫，初為吳越錢鏐所重，後謁成汭荊南。汭（荊南節度使）欲授書法，休曰：須登壇乃授。汭怒遭放之黔。天復中，入益州。王建禮遇之，署號『禪月大師』，又因名句『萬水千山得得來』，或呼為得得來和尚。乾化二年寂。年八十一。」

貫休曾與當時著名詩人方干、羅隱、齊己等多人有唱和，名氣頗大。

他寂滅於蜀，在後梁太祖乾化二年，上推八十年，該是唐文宗太和六年出生於蘭谿，時值公元八三二年，卒時九一二年。咸通中，他三十多歲，與李山甫年齡在伯仲間。或許他還大兩三歲。他與李山甫一樣，是引用「寒山、拾得」故事入詩最早的作家。

雖然他寫這首詩時的年齡不可考，從詩題及他的簡傳來看，他前半生在吳越，快到晚年才由黔入蜀。〈送僧歸天台〉，恐怕不是在「黔、蜀」寫的。西南離天台太遠，送僧云云，難入情理，在吳越之地杭州所為，比較可靠，也較合理。那麼，他寫這首詩，如因四五十歲時（八八〇，唐僖宗中和間），距寒山子隱沒也不過四五十年，換句話說，貫休的生年，接近於寒山子隱沒之時。又因為他的故鄉與天台為鄰，他對寒山子的逸事及詩作，也知道得較早。說不定他這首詩，比我們想像中寫得早些。在他三十歲左右也可能。

七

在《全唐詩》中，時代較晚，生命在晚唐入五代的，最後一個以寒山子入詩，是詩人齊己。他稍後於貫休及李山甫，他同李山甫有唱和（見前詩）。年齡要小不少。

《宋高僧傳》說：「齊己，名得生，姓胡氏，湘之益陽人，出家大溈山同慶寺。復棲衡嶽、東林。後欲入蜀，經江陵，高從誨留為『僧正』（按：那時他的名氣不小，已入中年），居之龍興寺（按：亦作龍安寺），自號衡嶽沙門。」

高季興、高從誨父子，都做過荊南節度使，駐節荊州。據《五代史．方鎮表》說：高季興做荊南節度使，死在九三〇年（後唐明宗天成三年），他的三十一歲兒子高從誨接任（按：可以說是軍閥世襲），做到公元九四八年（後漢高祖乾祐元年）死亡，共做了十八年荊南王。死時五十八歲。高某生在八九一年——即唐昭宗（唐代最後一個王朝）大順二年。

齊己上人既依高氏父子為「僧正」，時已中年，從他〈莫問詩〉的序裏，可以見得，而且其中一首詩，也涉及寒山子。詩題是〈渚宮莫問詩十五首並序〉。

序云：

> 予以「辛巳」歲，蒙主人（按：高氏父子，我認為他依的是高季興，而非高從誨）命居龍安寺，察其疎鄙，免以趨奉，爰降手翰，曰：蓋知心不在常禮也。予不覺欣然而作，顧謂形影曰：爾本青山一衲，白石孤禪，今王侯搆室安之，給俸食之，使之樂然，萬事都外，游息自得，則雲泉猨鳥不必為狎，其放縱若是，夫何繫乎？自是龍門牆仞，歷稔不復瞻覬，況他家哉？因創「莫問」之題，凡一十五篇，皆以「莫問」為首焉。

其十五之三，有詩紀云：

> 莫問休行腳，南方已徧尋；了應須自了，心不是他心；
> 赤水珠何覓，「寒山偈」莫吟；誰同論此理，杜口少知音。（《全唐詩》十二函四冊齊己詩卷五第六首）

詩序上表明年在「辛巳」，受到高家寵待，自必在父子節度使任內，值公元十世紀上半，只有一個辛巳，那就是九二一年（後梁末帝龍德元年）。可是這一年高從誨只有三十一歲，距出任節度使（九三〇）還差九年。所以說，如以這首詩為信史，齊己是依高季興，而非高從誨。這不知是《高僧傳》有錯，還是這首詩「辛巳」誤植，如果信《高僧傳》，就否定了他本人自證，豈有此理？

復次，齊己在公元九一二年，有一首悼貫休的詩，詩題是〈聞貫休下世〉。（按：想不至於過兩年後才得訊吧？）

詩云：

吾師詩匠者，真箇碧雲流；爭得梁太子，重為文選樓；
錦江新塚樹，婺女舊山秋；欲去焚香禮，啼猨峽阻修（按：修義為「長」也）。

由此詩明證，貫休寂於西蜀，齊己還沒有到荊南，大約他在衡山，或是廬山東林寺。

由他的詩序及悼貫休詩推斷，他的生命，當在唐宣宗咸通間（八七〇）——後漢隱帝乾祐（九五〇）年之間。

茲試列李山甫、貫休、齊己比較年表：

李山甫，公元八三五——九〇五年。

貫休，公元八三二——九一二年。

齊己，公元八七〇——九五〇年。

他們三人相唱和，是自然的；而前二人比齊己大約年長三十多歲。

他寫「寒山偈莫吟」時，在公元九二一年，寒山子的詩，已到普遍風行時期了。

另一禪宗大師風穴・延沼的《風穴語錄》，亦曾引用寒山逸詩，作為上堂語。詩云：

> 梵志死去來，魂識見閻老；讀盡百王書，未免見捶拷；一稱南無佛，皆以成佛道！（按：引胡適之《白話文學史》）

延沼禪師寂於公元九七三年（時已入宋，當太祖開寶六年），他引寒山詩與齊己相差幾十年，而延沼禪師其人，則生於唐末，橫貫五代。

寒山子詩，被普遍引用在公元八五〇年左右為正式開端，是不可移的事實，在此以前，《全唐詩》中，找不到一首。

何況當時詩人把他的詩，全當「偈子」來吟，可見曲高和寡，難與時尚一爭，因此當代幾乎沒有流行。

八

行文至此，我們在《全唐詩》中，所獲得的，便是：

㈠北宋以前（晚唐）已有「拾得」的紀錄。

㈡寒山詩流行時間分佈，開端於九世紀中葉（算是中唐末），盛行於晚唐五代。

㈢寒山子第一手資料，由徐凝詩，可得到一個暈影，但仍待繼續求證——目前的詩，仍是一個薄弱的「孤證」。惟這一孤證，亦頗足以令人喜慰。

㈣寒山詩序作者——閭丘胤及〈拾得錄〉之窮究到底，則有待更廣泛、更深入的搜求。有關寒山史料，在全唐人的詩作中，整理的工作已竟！

五、寒山子傳奇

一

浸沉在翠屏山的寒巖裏，追蹤寒山子的佛跡仙蹤，從資料的世界，到傳奇式的幻想，從古老的東方善本書，脫穎而出，變為西裝皮面的袖珍本，在二十年前，我們都不曾想到。

有一天，我讀到一個寒山子的故事，從那個故事開始，便陸陸續續，發現很多故事。我們便從那個故事作為開端，帶著我們，與寒山同歌同哭同笑！

二

這個故事，來自唐代的〈鄴侯外傳〉：「據說，在唐肅宗時（大約在七五六——七六二年之間），李泌（七二二——七八九）隱居衡山，雪夜月明，偶行至『衡岳寺』香積櫥下，見二僧烤火煨芋，李泌與談，二僧痴笑，分芋食之，曰：『毋多言，領取二十年宰相！』「次日，又至寺訪之，並無此二僧，惟廊下懸有『寒山、拾得』像，宛然即昨夜所見。李為唐代中興第一人才，求之千古，惟張良可匹，而張良功成即隱，李泌則以白衣佐平安史之亂，遯迹多年，又被強征出山，重安唐室，真做了二十年宰相。……」

——這個故事，查《唐書．李泌傳》未載，惟李泌深好神仙之術，其人自五、六歲開始，即充滿神祕，但天才傲岸，七歲為玄宗所召，深為當朝張九齡等所愛，據說童年可在「屏風上走路」，身輕如燕，生具「異禀」，所謂「神童」者也。至於他是否做了二十年宰相呢，我們的答案是：「沒有」。他雖在肅宗時以「白衣」平亂，但因受佞臣所忌，直到德宗（七八〇）以後，才正式拜相，而德宗本身也才做了二十年皇帝，因此李泌大約做了十年左右的宰相。

另一李泌的故事，見於唐李蘩的〈李泌傳〉（按：李蘩為李泌之子，《太平廣記》據引。《太平廣記》成於宋太宗太平興國三年，即公元九七八年），傳云：「開元十六年（七二八），泌六、七歲，玄宗召之，賀知章書曰：『此穉子目如秋水，必當拜卿相！』」

後來，李泌成人，佐肅宗，以「丁憂」，擬歸隱不仕，詣南岳張先生受籙，又與明瓚禪師遊，著《明心論》，明瓚釋徒，謂之「嬾殘」，泌嘗謂：讀書衡岳寺，異其所為，曰：非凡人也。聽其中宵梵唱，響徹山林，泌頗知音，能辨休戚，謂嬾殘經音，先悽愴而後善悅，必謫墮之人，時至將去矣。

候中夜，潛往詢之，嬾殘命坐，撥火出芋以餡之，謂泌曰：「慎勿多言，領取十年宰相。」泌拜而退。

這李泌兩個故事，很顯明地看出，前者由後者演繹，由「嬾殘」變為「寒山」，由於這是神話，我們都不必付諸理智討論。但神話的形成，卻要動用若干年代，因此，我們可以借神話以考證「寒山時代」。

三

與上述寒山子故事同時出現於《太平廣記》的，是《仙傳拾遺》（成於晚唐）。據載：「寒山子，不知其名氏，大曆中（七六六——七七五），隱居天台翠屏山，其山深邃，當暑有雪，亦名寒巖，因自號『寒山子』。好為詩，每得一篇一句，輒題於樹間石上，有好事者，隨而錄之，凡三百餘首，多述山林幽隱之興，或譏諷時態，或警勵流俗，桐柏徵君徐靈府（按：唐武宗時天台道士，因辟徵召，絕粒而死），序而集之，分為三卷，行於人間。——十餘年，忽不見。

「咸通十二年（八七一），毘陵道士李褐，性褊急，好凌侮人，忽有貧士，詣褐乞食，褐不之與，加以叱責，貧者唯唯而已。數日，有白馬從白衣者六七人，詣褐，褐禮接之，因問褐曰：『頗相記乎？』褐視其狀貌，乃前之貧士也，逡巡欲謝之，慚未發言，忽語褐曰：『子修道未知其門，而好凌人侮俗，何道可冀？子頗知有寒山邪？』答曰：『知。』曰：『吾即是矣！吾始謂汝可教，今不可也。修生之道，除嗔去欲，嗇神抱和，所以無累也；內抑其心，外檢其身，所以無過也；先人後己，知柔守謙，所以安身也；不善歸諸身，所以積德也；功不在大，立之無忌；過不在大，去之不貳；所以積功也。然而內行充而外丹至，可以冀於髣髴耳。子之三毒未剪，以冠簪為飾，可謂虎豹之鞟，而犬豕之質也。』出門乘馬而去，竟不復見。」

——這個胸無點墨的道士，編造這篇神話，簡直把「寒山子」弄得像他們一樣俗不可耐，遍讀寒山每一首詩，就沒有一首像這個故事中的那種道學面孔，讀來可笑。

但是，道士們能造一個與自己相像的寒山子，對我們倒多一項足以引證的史料。

四

趙州從諗禪師（大約七八〇——九〇〇）語錄載：師因到天台國清寺，見寒山、拾得。師云：「久嚮寒山、拾得，到來只見兩頭水牯牛！」

寒山、拾得便從牛門。

師云：「叱！叱！」

寒山、拾得咬齒相看。

師便歸堂。

（按：胡適之先生《白話文學史》據引於《趙州語錄》，趙州禪師據傳載一百二十歲寂滅，約唐德宗初年，到唐昭宗乾寧間。趙州如真與寒山子「鬥過法」，那麼舊說「貞觀」勢必不成立，寒山的時代必後退一百年到一百五十年。）

又據南宋淳熙釋志南集《天台山國清寺三隱集》，志南所記，公案四則，在《傳燈錄》中不載，茲錄於次：

(一)

——又於庄舍牧牛，歌詠叫笑，曰：「我有一珠，埋在陰中，無人別者。」眾僧說戒，拾驅牛至，倚門撫掌微笑曰：「悠悠哉，聚頭作相，這個如何？」僧怒呵云：「下人風狂，破我說戒！」

拾笑曰：「無嗔即是戒，心淨即出家，我性與汝合，一切法無差。」驅牛出，乃呼前世僧名，牛即應聲而過，復曰：「前生不持戒，人面而畜生，汝今招此咎，怨恨於何人？佛力雖大，汝辜於佛恩——」（按：與〈拾得錄〉中稍異）

㈡

寒（山）因僧炙茄，以茄串打僧背一下，僧回首，寒持串，云：「是什麼？」

僧云：「這風顛漢！」

寒示傍僧云：「你道這師僧，費卻多少鹽醬！」

㈢

趙州到天台，行見牛迹，寒曰：「上座還識牛麼？此是五百羅漢遊山。」

州曰：「既是羅漢，為什麼作牛去？」

寒曰：「蒼天蒼天！」

州呵呵大笑。

寒曰：「笑作什麼？」

州曰：「蒼天蒼天！」

寒曰：「這小廝兒，卻有大人之作。」

㈣

溈山來寺受戒，寒與拾往松門夾道，作虎吼三聲，溈無對。

寒曰：「自從靈山一別，迄至於今，還相記麼？」

溈亦無對。

拾拈柱杖曰：「老兄喚這個作什麼？」

溈又無對。

寒曰：「休。休。不用問它，自從別後，已三生作國王來，總忘卻也。」

*

這四則公案，第一則是拾得的。其餘三則——之一，是寒山對同寺僧較量。——之二，是「寒山對趙州」。這則公案，與《傳燈錄》所記，又有了差異。——之三，是「寒山對溈山」。溈山，是六祖慧能第五代傳人，開禪宗「溈仰」一派。為中唐以後著名禪師，歷史上有案可考。

據《高僧傳．溈山靈祐》小傳說：「靈祐和尚，廿三歲遊江西，參百丈，嗣其法，開創湖南（寧鄉）溈山，大振法門，門下數百，仰山、香儼，最為傑出。

「遊江西之年，曾入天台山，路逢寒山。至國清寺，又遇拾得。五十一歲，百丈囑其住溈山（以此名世）。……會昌法難（八四五），隱遁為民，道譽復顯之後，文人來往不絕，裴休、崔群等歸依之。八十三歲寂。諡大圓禪師。」

溈山禪師生於公元七七一年——代宗大曆六年。寂於公元八五三年——宣宗大中七年。照公案推算，他見寒山時二十三歲，是公元七九四年，寒山子（七一〇——八一五），比他大一甲子，此時已八十多歲。此公案，如非神話與杜撰，溈山、趙州（七七八——八九七）都見到寒山子，寒山子的生命終點，也只有放在「元和」中了。

古人歷史觀念，似乎很模糊，在一篇詩裏，竟然把三百多年的事，寫在一個人身上，其真實性實在令人懷疑。閭丘胤那篇序，不管什麼理由，都很難站得住。

試列寒山、溈山、趙州生卒年表：

寒山——公元七一〇——八一五年，一百零五歲。

溈山——公元七七一——八五三年，八十三歲。

趙州——公元七七八——八九七年，一百二十歲。

天台山的公案時期：

寒山子八十四歲（概定）。

溈山禪師二十三歲。

趙州比溈山小七歲，那麼公案時期，趙州只有十六歲，如果趙州到天台山，則「趙州對寒山」的公案，當在七九四年以後。

五

四明王鞜編的《群書故事類編》，又引二則「寒山、拾得」公案。

其一：

天台寒山子，以樺皮為冠，真大未屐（按：此句疑有錯），時來國清寺就拾得取眾僧殘食菜滓食之，豐干禪師曰：「汝與我遊五臺，即我同流，若不去，非我同流！」

曰：「我不去。」

豐干曰：「汝不是我同流！」

寒山卻問：「去五臺作甚麼？」

曰：「我去禮文殊。」

寒山曰：「汝不是我同流！」

*

其二：

天台拾得者——豐干禪師山中行，至赤城，見一子，攜至寺中，名為拾得。

一日寺主問：「汝畢竟姓箇什麼？在何處住？」

拾得放下掃帚，叉手而立。寺主罔測。

寒山搥胸曰：「蒼天蒼天！」

拾得問：「汝作甚麼？」

曰：「豈不見道東家人死，西家助哀！」

二人作舞哭笑而去。

（按：此書收上述二公案出自北宋沙門道原著《景德傳燈錄》，第一章已據引。）

六

《蘇州府志·寒山寺志》載：寺在縣西十里楓橋，故稱「楓橋寺」。

張繼詩云：

月落烏啼霜滿天，江楓漁火對愁眠；姑蘇城外寒山寺，夜半鐘聲到客船。

寺起於梁天監間，舊名「妙利普明塔院」。宋太平興國初（九七六），節度使孫承祐重建塔七層，嘉祐中（一〇五七——一〇六三），賜號「普明禪院」，然唐人已稱「寒山寺」矣。紹興（南宋高宗）四年（一一三四），僧法遷，修。孫覿記：元末寺塔俱燬，明洪武中重建。永樂三年（一四〇五）修。姚廣孝（按：明成祖的私人軍師釋道衍，入朝衣俗，出朝現僧相）記：「尋火。」正統中（一四三六——一四四九），知府況鐘再修。嘉靖中（一五二二——一五六六）鑄巨鐘，建樓置焉。萬曆四十年（一六一二）建藏經閣，四十六年大殿火，明年復修。康熙五十年（一七一一）冬，大殿又火，咸豐十年（一八六〇）燬於太平天國之亂。（按：洪秀全於咸豐三年陰曆二月初十日攻入南京，然後若干年屠毒江南，寺廟悉被毀）其稱寒山寺云：「相傳寒山、拾得嘗止此，故名。然不可考。」

舊有「水陸院」，嚴麗靚深，屢出靈響，今久湮沒，塔亦莫知其跡。

姚廣孝記云：「唐元和中（八〇六——八二〇），有寒山子者，冠樺布冠，著木履，被藍褸衣，掣風掣顛，笑歌自若，來此縛茆以居，尋遊天台寒巖，與拾得、豐干為友，終隱於此。

「希遷禪師（按：唐高僧，師事六祖，天寶中，居衡山南寺，寺中有大石如臺，結庵其上，世號『石頭禪師』，年九十一寂）於此建伽藍，遂額曰『寒山寺』。

「永樂三年（一四〇五）深谷昶禪師，募建殿室於方丈，設寒山、拾得、豐干像，不敢忘也。」

——姚廣孝依據何書，記寒山、拾得止姑蘇寒山寺？又據何書記希遷禪師至姑蘇建伽藍，額「寒山寺」，均不可考。

同時，我們讀徐凝詩，當可暗合姚廣孝之說，寒山子為元和人，且元僧念常的《歷代佛祖通載》謂寒山為貞元末人，與元和僅相隔一年，可謂啣接。又道士徐靈府在此同時曾為寒山詩作序，益信寒山時代之新說七〇〇——八二〇年，足資確信了。（按：德宗貞元，自公元七八五到八〇四年，計十九年，貞元末，指八〇〇——八〇四年）

我們臆斷姚廣孝作「記」必有所據，不管是「傳奇」也好，「史實」也好，對於多采多姿、如花如霧的寒山子，在後人的心中，所留的景象，不是更為鮮明麼？

在這裏，根據寒山詩自證，姚廣孝、元僧念常之說，徐凝詩證，再加以濃縮，寒山子的一生，應在公元七一〇年到八一五年之間。

七

又清雍正十一年封寒山子為「和聖」，拾得為「合聖」，又稱「和合二聖」。與唐中宗時那個「萬迴師」，混成「和合二仙」。《西湖遊覽志》載：「宋時杭城以臘日禮萬迴哥哥，其像蓬頭笑面，身著綠衣，左手擎鼓，右手執棒，云是『和合之神』，祀之可使人在萬里之外，亦能回家，故曰『萬迴』，今其祀已絕。」（《太平廣記》有詳述）

其後，一神化為二神，同其形象，穿綠衣，梳留海，一人持荷花，一人捧圓盒，取和諧好合之意，故新婚多祀之，今繪二童子像。

我個人以為雍正封「寒山、拾得」為「和合二聖」不無所據。據我近時查考，寒山與萬迴前後不遠，而「傳奇」的演變，常由無生有，穿鑿附會，彼此交混，因此，世人亦以寒山、拾得為「和合二仙」，爭為供奉。

八

關於寒山子的故事，流傳在世間，言人人殊，因為史蹟的湮沒，傳說的搜求不易，我相信，在浩瀚如海的典籍裏，必然比我們所知者更多。由於寒山的詩，所表達的心理與情境，我們益信寒山子其人，更接近真實的人生而非神話的人物。

六、寒山子禪與風

寒山詩，漫入我心頭，是一片禪底無垠，禪底生機。禪，充塞了寒山詩的純度與密度；禪，美化了寒山詩的天地與人類的心靈。寒山詩——即是禪，禪即是詩。正是：

我讀寒山詩，靈光一大遍，書放屏風上，時時讀一徧。

那充滿生命、禪機，充滿嬰兒聖潔的詩，正如「吾心似秋月，碧海清皎潔，無物堪比倫，教我如何說？」

三百多首寒山詩，是人類心靈共同印證的「真諦」，以「禪」為其生命，成為一活潑潑地，有生命的，與宇宙共在的奇文妙悟；因此「忽遇明眼人」，「即自流天下」，成了人類共同的心聲；我想，如非西方遭遇到空前的研究「東方文化」熱潮，透過東方語言來了解它，識透它，恐怕千萬年後也不會了解寒山。

所謂「禪」(Zen)，實在是中國式的，這個禪與印度原始的「禪那」(Dhyana)，已大大地不同；

中國禪，實在包括了原始佛經中戒(Sila)、定(Samadhi)、慧(Prajna)的結合昇華，古代的「禪和子們」，為了一較境界的高低，常以「隱喻」、「轉語」來以心印心，自盛唐以後禪宗的「機鋒」，便以「公案」形式，大行天下。

禪底境界，發軔於「疑情」，大疑大悟，小疑小悟，不疑不悟；胡適之先生說：「達摩東來，只為覓一不受人惑的人！」不受人惑，便在一「疑」字，由疑而生悟，不僅「禪」底境界由此而生，即一切科學定律、哲學理性……無一不待懷疑的精神而建立；應用在人事上，便是一獨立不群，一不受別人牽著鼻子走的好漢！這是禪底精神所在。也由此，西方哲學的「懷疑論」，便創造了科學上的實證精神。但東方的中國禪，則創造了人類自身的「存在價值」！

禪，究竟是什麼東西？諸家古德，均以妙悟的心境來直下承擔；血肉凡夫，黑漆桶子不破，恐怕是弄不通的。古人形容「禪境」，是「圓陀陀的，赤裸裸的，光灼灼的，沉寂寂的」！你看，它是多麼富有詩情畫意，多麼充滿著不可言說、不可思議的生命之情。

這個「圓陀陀，赤裸裸，光灼灼，沉寂寂」的禪境，雖非凡夫俗子所可見得，但它透過古德的印證，文字的間接理解，依然有它的可思議處，可言說處。（按：後人舞文弄墨，大談禪道，也似乎天花亂墜，那是死的「文字禪」）否則，「禪」豈不是真地成了千古不解之謎？

禪，雖由疑而發，實由「定」而生。一句「父母未生前是誰？」難死了天下多少痴漢。這句沒頭沒腦的渾話，說回來，不過是作為那禪和子一把開山的斧頭，直追到底，黑妖狐被捉，本地風光就無邊出現，到那時，你便是寒山拾得，你便是普賢文殊；你便是「佛」，你亦是「禪」。

禪，是精神上的無著境界，它直下斷解，便是「天與人的統一」(Integration of Heaven and Man)，「心靈與存在的統一」(Integration of Mind and Existence)，「時間與空間的統一」(Integration of Time and Space)，由禪境而產生的「神通」(Abhijna)，是順乎自性的，是自然顯現的，是非怪力亂神的（按：你要說是迷信，則沒有辦法）。反而以「神通」為神通的俗子，佈謠惑眾，才是迷信。求驗於尚待萌芽開花的「超感覺心理學」、靈魂學，人的精神一旦解放，它是無所不知，無所不能，此不可斷然作迷信解。

佛家的「六神通」：「天眼通」、「天耳通」、「神足通」、「他心通」、「宿命通」、「漏盡通」，前三者，為「時間與空間的統一」，他心通與宿命通，為「天與人的統一」，漏盡通為「心靈與存在的統一」。

這種「宇宙即我」，「是心即佛」的統一境界，便是「禪境」，亦是「聖境」。

《景德傳燈錄》中引據的一則「小公案」，現在不吝作文字禪方式試解，以見「禪」的表現：

——一日（拾得）掃地。寺主問：「汝名拾得，豐干拾得汝歸。汝畢竟姓個什麼？在何處住？」拾得放下掃帚，叉手而立。寺主罔測。寒山搥胸曰：「蒼天蒼天！」拾得卻問：「汝作什麼？」曰：「豈不見道：東家人死，西家助哀！」二人作舞，哭笑而出。

這一故事記載，我不作「迷狂症」會。這種「病」，禪家「得」的太多。這一故事，是一「低手」與「高手」相搏的「公案」。

——寺主問：汝名拾得，豐干拾得汝歸，「汝畢竟姓個什麼？」「在何處住？」——這在寺主來說，自己以為已經望到禪的大門，有心探試一下拾得的「本來面目」，並非真的問他姓啥名誰，住在何處？其實他離禪的大門還太遠，根本不知殿堂內是什麼東西，老實說，他還徘徊在「文字禪」的欄柵裏。

——想不到，他遇到拾得這「娃兒」，卻不簡單，當下「放下掃帚，叉手而立。」這明明是「天上天下，惟我獨尊」一個佛字。拾得直下承當，看你這個凡夫如何會得？

——寺主見拾得這一招，他竟不識當前的聖者，一個肉眼俗子，只好惘然。——寒山見狀，殊為寺主憐憫悲惻，因搥胸呼曰：「蒼天蒼天」——如何不悟也！這一「蒼天蒼天」一方面否定寺主的境界，同時可憐他要披毛戴角，苦海無邊。

——這時拾得問：「汝作什麼？」意思是「你有什麼好可憐的？」

——寒山道：「豈不見道：東家人死，西家助哀！」所謂佛由人修，兔死狐悲，物傷其類，宗教家本是一個「大情聖」，見一蟲一蟻之死，都要痛哭流涕，何況一個身披袈裟的佛子，猶且未悟，豈不可哀憫？

——因此二人作舞——踉踉蹌蹌狀，非跳舞快樂——哭笑而出。

所謂「無端狂笑無端哭」，除了詩人，便是宗教家。

何況，除寒山外，豐干、拾得都是這樣。用精神分析學，解釋寒山的意識狀態，兼觸到豐干、拾得，這一關節無法得通，此一「迷幻症」對一個世間的天才或可構成，但對禪家，已見本來面目者言，未可盡符。

寒山詩：

時人見寒山，各謂是風顛；貌不起人目，身唯布裘纏；
我語他不會，他語我不言；為報往來者，可來向寒山。

這個「我語他不會」，是禪語，凡夫如何會得？「他語我不言」，凡夫語，皆是柴米油鹽事，則與我無干，我有什麼可說？因此，寒山曾說：「我告訴你們吧，你們要想懂我的話，趕快到『寒山』（即靈山）來吧！」如這樣會，寒山根本沒有什麼「歇斯的里症」了。

下一首：

憶得二十年，徐步國清歸。國清寺中人，盡道寒山痴；
痴人何用疑？疑不解尋思。我尚自不識，
是伊怎得知？低頭不用問，問得復何為？有人來罵我，
分明了了知。雖然不應對，卻是得便宜。

從精神分析學去分解「我尚自不識，是伊怎得知」這兩句詩，是詩人自我的掩蔽，這種直言直語，反而使他心深處的祕密洩漏了。

不過從禪學角度來觀察，這個「我尚自不識」的「痴、瘋」，卻是帶著化裝面具的本來面目——佛性，因此，詩人說：「連我都不識那自家本性，而你那些未悟的血肉凡夫，又怎能得知個中消息？」

佛性必須悟出，言語不能道斷，從「象」上看，是不能分別真偽的。

雖然他們「或時叫噪，望空謾罵，寺僧以杖逼逐，翻身拊掌大笑而去。」有趣的是，「雖出言如狂，而有理趣」，就不可忽略他的自覺性了。

寒山在他一首長詩中寫道：「我見世間人，堂堂好儀相，……擇佛好燒香，揀僧歸供養，羅漢門前乞，趁卻閑和尚，不悟無為人，從來無相狀。……汝無平等心，聖賢俱不降；凡聖皆混然，勸君休取相。……」

因此，從「相」上分析寒山的瘋言瘋狀，便受了知識的障礙，成了「著相」。

佛家拯救眾生，是救眾生的心，又由於眾生有分別心，所以覺者也不得不「觀機逗教」，以眾生心為心。

寒山以他特有的因緣，假「似？」的相，打入天台山眾生群中，使人有時覺得他是個瘋老頭，有時也覺得他有來歷，在瘋子與覺者之間拉平了，使人便不會大驚小怪，而他的本身也可安然於遊戲人間了。

他不是說嗎：「五言五百篇，七字七十九，三字二十一，都來六百首；一例書巖石，自誇云好手，若能會我詩，真是如來母！」

讀寒山詩，除了他的「前期本事」、「後期本事」，有個「我」的痕跡以外，都要戴點禪的眼鏡去看，才看得通呢。

寒山與拾得，早不跑，遲不跑，等閭丘胤到國清寺朝拜他才像天際游龍，一閃即逝，正因為他的「真面目」被凡人發現了，既被世人發現，就不免驚世駭俗，假使要留下來，便少不了被供養在「象牙之塔」裏，真像尊金裝的菩薩一樣，從此，他也別再想真正的來往於世俗的社會了。

如果說，他真患有輕度「迷狂症」，像莊周、李白那樣天才，被人看破也無所謂。他們不必遁跡寒巖，永埋色身。——這是覺者的寒山、拾得與天才的李白、莊生不同的地方。

不管如何，寒山子的詩篇、禪味，都已透過文字流入我們這乾涸的靈魂，使我們貧乏的心，獲得甘霖般的滋潤，這不是已經足夠了嗎？

七、寒山子之道

自一九七〇年以來，國內關於寒山子的重要論文，對寒山子的人和詩，及其對東西方文學上的影響，已有極精采的分析與評估。

所謂：「凡文學皆作家的心路歷程，乃作家透過其朦朧的吉光片羽，宣洩其內心祕密的象徵。」

寒山子的身世、詩思、精神狀態，乃至連他的朋友豐干、拾得，為他的詩作序的台州刺史閭丘胤，由於史料的殘缺，顯得如花如霧，但此種朦朧、恍惚，依然可由他的詩中求解，求蛛絲馬跡。

這位千古奇人，住在天台境內七十年，是他三十歲以後的事。我懷疑的是，他初到天台，並非住在「寒巖」，由下列各詩可資證明。

一、

父母續經多，田園不羨它，婦搖機軋軋，兒弄口嗢嗢；

拍手催花舞，揞頤聽鳥歌，誰當來歎賀，樵客屢經過。

二、

琴書須自隨，祿位用何為；投輦從賢婦，巾車有孝兒；
風吹曝麥地，水溢沃魚池，常念鷦鷯鳥，安身在一枝。

三、

茅棟野人居，門前車馬疎，林幽偏聚鳥，谿闊本藏魚；
山果攜兒摘，皐田共婦鋤，家中何所有，唯有一床書。

這三首詩，是寒山詩中典型的描寫生活情味，尚不脫離世間本色的閒情之作；正如陶淵明那些「飲酒詩」一樣，充滿著恬靜、淡遠的隱士情懷，沒有「後期」詩中那種融和著天籟的禪味。

這三首所表達的，雖然高遠，卻仍是眾生相，背景在天台，卻不一定在「寒巖」。到寒巖隱居學佛，恐怕是晚年以後的事。他描寫初到寒巖那幾年，有詩云：

重巖我卜居，鳥道絕人迹；庭際何所有？白雲抱幽石；
住茲凡幾年，屢見春秋易；寄語鐘鼎家，虛名定無益！

又云：

人問寒山道，寒山路不通；夏天冰未釋，日出霧朦朧；
似我何由屆，與君心不同；君心若似我，還得到其中！

這前一首詩，寫「寒巖」的幽僻，高士幽居，與大自然為侶，淡泊名利；後一首則語意雙關，在相上，寫寒巖冬寒夏涼，寒山路絕；在性上則寫靈山之路，凡夫不可登！

復次，他的三言詩，尤為悟道之作。雙融性相，物我兩空。

詩曰：

寒山道，無人到；若能行，稱十號；有蟬鳴，無鴉噪；黃葉落，白雲掃；石磊磊，山隩隩；我獨居，名「善導」（按：佛之別稱）；仔細看，何相好！

這等境界，是何等美妙絕塵？除了佛國、仙境，人間有這片清淨土嗎？

下二首又云：

我居山，勿人識，白雲中，常寂寂。

寒山子，長如是，獨自居，不生死。

這些三言詩，之奇，之美，之創造性，之玄奧，均非王梵志詩可比。在中國詩史上，是千古絕唱，無人大膽作。

現在談到寒山子隱居的寒巖，我的研究——是寒山離家獨居之所，茅蓬參向上一著即在此，並非像他詩中所描寫的初到天台「婦搖機軋軋，兒弄口嗝嗝」的世俗生活。這裏是不食人間煙火的情境。

另有一詩，頗值吾人玩味。他寫道：

自從出家後，漸得養生趣，伸縮四肢全，勤聽六根俱；

褐衣隨春冬，糲食共朝暮，今日懇懇修，願與佛相遇！

這已經分明是一個出家人的自敘了。我起初極奇怪劉大杰、楊蔭深，以及《中國人名大辭典》等諸辭書，都記他是唐代高僧，必事出有因。像劉、楊二人，是文學史名家，絕不會憑空竄改古人的身份，而高夢旦他們編辭書，也不該忽略閭丘胤那篇序文吧，序文中說他「唐興縣西七十里山中一貧士」，卻不是僧侶啊，現在看到這首詩，想想他們將寒山、拾得視為高僧，不僅由於寒山經常住在國清寺，而且他的生活紀錄，也有足資為高僧之處。

遍覽有關討論寒山的古今人作品中，大多承認寒山子住在天台山有三十年左右，所謂「一向寒山坐，淹留三十年，昨來訪親友，太半入黃泉……」但是過了四十年之後，他又寫道：

昔日經行處，今復七十年，故人無來往，埋在古塚間；

余今頭已白，猶守片雲山，為報後來子，何不讀古言？

可見寒山子經過了一番三十歲以前的「東守文不賞，西征武不勛」的流離生活，來到天台，並不是定居一處，而是經過若干年陶淵明式的耕讀生活，然後才捨俗遁入寒巖。

寫到這裏，我想到鍾玲、趙滋蕃、陳鼎寰等家文中已共同肯定寒山子不見納於「儒、佛、道」三家，乃因他「亦佛、亦儒、亦道」。

我歸納寒山子詩，分為「本事前期」（按：指三十歲以前的回憶之作）、「本事後期」（按：指未至寒巖獨居以前，那段雖隱士亦人世的生活）、「寒巖期」。但從思想脈絡上分，則為「儒生期」、「慕道期」、「學佛期」。

凡中國知識份子，不論其最後的思想歸依何處，皆無法規避這一中國文化基層的「儒生期」，寒山子不能例外，這且撇過。

至於「慕道期」，寒山詩中有十一首有關道家思想的作品，我們不能說寒山子沒有受過道家影響。在有唐一代，中國人知識涉及的範疇內，都是無法避免的。

關於這十一首詩，不得不錄之奇文共賞。

一、

益者益其精，可名為有益；易者易其形，是名為有易；
能益復能易，當得上「仙籍」；無益復無易，終不免老死。

二、

竟日常如醉，流年不暫停，埋著蓬蒿下，曉月何冥冥！
骨肉消散盡，魂魄幾凋零；遮莫齩鐵口，無因讀「老經」。

三、

天下幾種人，論時色數有；賈婆如許夫，黃老元無婦；
衛氏兒可憐，鍾家女極醜；渠若西向行，我便向東走。

四、

手筆大縱橫，身才極瓌瑋；生為有限身，死作無名鬼；
自古如此多，君今爭奈何？可來白雲裏，教爾「紫芝歌」！

五、

欲得安身處，寒山可長保；微風吹幽松，近聽聲逾好；
下有斑白人，喃喃讀「黃老」，十年歸不得，忘卻來時道。

在上五首詩中，凡「仙籍、老經、黃老、紫芝歌」，都與「道」有關，從這五首詩中，可以看出寒山子對道家生活確曾有一度仰慕。尤以第一首詩，他以為「道」，是解決生死問題最大祕訣。他讀黃老，也仰慕赤松子、採仙藥的神仙生活。

孔子說：「詩，可以興，可以觀，可以群，可以怨。」我們不可忘記任何文學作品，皆為反映心靈祕密、宣洩情感潮汐的外景，雖現象容或滋疑，而透過象徵、譬喻、暗示等方式，曲折地表現自己，是不可能偽裝的。

因此，在這五首中，沒有「空靈澈盪」的禪風。在寒山詩中，這些詩不可列入上品。

以下六首，在思想上則是另一種態度。

六、

徒勞說三史，浪自看五經；洎自撿「黃籍」，依前住白丁；

笠遭連蹇卦，生主虛厄星；不及河邊樹，年年一度青。

七、

有人畏白首，不肯捨朱紱；「採藥空求仙」，根苗亂挑掘；
數年無效驗，痴意瞋怫鬱，獵師披袈裟，元非汝使物。

這六七兩首所透露的是，吞丹服藥的「道士」生活，已無法滿足他天空海闊的心靈，所謂「洎自撿黃籍，依前住白丁」，所謂「採藥空求仙，根苗亂挑掘」；所謂「獵師披袈裟，元非汝使物」，他自覺自己的選擇是錯誤了。這當然是在對比之下，發現「道家」的丹、汞、符、咒之不是究竟的絕對出世方法。

八、

人生在塵蒙，恰似盆中蟲，終日行遶遶，不離其盆中，
「神仙不可得」，煩惱計無窮；歲歲如流水，須臾作老翁。

九、

昨到「雲霞觀」，忽見仙尊士，星冠月帔横，盡云居山水，余問神仙術，云道若為比；謂言靈無上，妙藥必神秘，守死待歸來，皆道乘魚去，余乃返窮之，「推尋勿道理」，但看箭射空，須臾還墜地；「饒你得仙人」，「恰似守屍鬼」，心月自精明，萬象何能比？欲知仙丹術，身內元神是；「莫學黃巾公」（按：黃巾公，即射影道士），握愚自寄擬。

詩中雲霞觀，這也許是假借。寒巖到當時天台山著名的「福聖觀」，還沒有國清寺遠，此觀在國清寺西，寒巖之東，約四十餘里，寒巖距國清寺則有七十里許。此觀亦必為寒山常遊之所。到此，從肯定到否定，「道學」在寒山子的心靈中，已完全崩潰。但他到寒巖去隱居，很可能是道士引他去的，結果，峰迴路轉，一心歸佛。

我之研究寒山子由道歸佛，乃基於當時的社會背景。我們知道，唐代君主，是佛道並崇的。當時的天台山，除著名的國清寺（按：在天台縣北十里，舊名天台寺，隋開皇十八年，為智者大師建，大業中改「國清」），還有其他衛星佛寺。

唐時詩人皮日休詠國清寺詩〈寄題天台國清寺齊梁體〉曰：

十里松門國清路，飯猿臺上菩提樹；
怪來烟雨落晴天，元是海風吹瀑布。

陸龜蒙和云：

峰帶樓臺天外立，明河色近罘罳濕；
松間石上定僧寒，半夜楢溪水聲急。

除佛寺星羅棋布，也有許多著名的「道觀」。像「福聖觀」、「崇道觀」，在當時都極負盛名。福聖觀在縣西北十五里，西北接翠屏山，三國吳時赤烏二年，道士葛元所建（原名佑聖觀）。唐太和中，名道士徐靈府新之。此觀距國清寺不足十里，距寒巖五十餘里。

崇道觀，則建於唐景雲二年，縣西二十五里，距寒巖四十餘里。其他之衛星道觀，亦復不少。寒山子所居之寒巖，在縣西北七十里，舊名「寒石山」，梁開平元年，寒山棲隱處，即建寺名「崇福」，紀念寒山子。上述二觀，正在天台縣城去寒巖途中。

孟浩然有〈宿天台桐柏觀〉詩（見《台州府志》）：

海泛信風帆，夕宿逗雲島；緬尋滄海趣，近愛赤城好；捫蘿亦踐苔，輟禪恣窮討；息蔭憩桐柏，采秀弄芝草；鶴唳清垂露，雞鳴信朝早；願言解纓紱，從此去煩惱；高步凌四期，抗跡得二老；紛吾遠游意，學彼長生道；日夕望三山，雲濤空浩浩。

又，宋之問〈寄天台司馬道士〉詩（見《台州府志》）云：

臥來生白髮，覽鏡已成絲；遠愧餐霞子，童顏長自持；舊遊惜彌曠，微尚日嶙緇；不寄西山藥，何由東海期？

李嶠〈送司馬先生〉詩：

蓬閣桃源兩處分，人間海上不相聞；一朝琴裏悲黃鶴，何日山頭望白雲。

這不是說寒山子當年所處的社會環境，是佛道混雜的，一個人很難擺脫這兩方面思想的浸漬嗎？

一〇、

常聞漢武帝，爰及秦始皇，「俱好神仙術，延年俱不常」，金臺既摧折，沙丘遂滅亡，茂陵與驪嶽，今日草茫茫。

這第十首詩，他率直地說明到寒巖以後，完全揚棄了道教思想。這時他對道學雖沒有留戀，但老莊之學，道家的知識，是極為豐富的。而老莊之學，與中國宗教上的道家，卻不容相羼。

一一、

出生三十年，常遊千萬里，行江青草合，入塞紅塵起；
「鍊藥空求仙」，讀書兼詠史，今日歸寒山，枕流兼洗耳。

這第十一首詩，足夠給寒山子與道士思想的徹底廓清，歸還他一個達摩東來，要覓一個不受人惑的「人」！還說什麼寒山子「亦佛、亦儒、亦道」？

寒山子之被後代學者判決「跳出三教外」、「不在五行中」，乃是沒有研究寒山思想的變遷歷程：他被道家「接納」，最大的佐證，是他的詩，道士徐靈府曾是一個主要的編者。而中國民間及道觀，均有「和合二神」像（按：一對留瀏海髮，穿木屐的寒山、拾得像）。道家沒有排拒他，乃基於他未現僧相，不是個道地的和尚。

嚴格地說，唐代的佛道二家行者，除了頭上有分別（按：一留高髻，一薙髮鬚），在服裝上是完全一樣的。那麼普通老百姓，則介乎二者之間。——現在的僧裝，即唐代之俗裝。

另一方面，一個歷史上偉大的人物，誰不欲納之為鄰呢？中國道家接納佛教，不自唐時始，於今尤盛。

佛經裏的彌勒菩薩、觀世音大士早已變成中國人了。到二十世紀五十年代以後，又為之一變，觀世音大士又足履露孔皮鞋，頸現光環，連眼睛都要變藍了，又何足怪？

宗教本身即文化，文化之相互澤被涵泳，東西文化混同成一元，為時也不久矣！

佛教在中國，乃至在今天的世界上，沒有被消滅，只因為它底哲學深邃、精博；將來永遠也不會。

因此，道士中多了一個寒山子，正如中國民間的房門上，多了一張笑呵呵的寒山畫一樣，在民間，和合二仙，是幸福快樂的象徵，他們是神、是佛、是仙、是怪，再也沒有人去管了。

寒山子出身於亦書亦劍的儒門，中年初期，到天台以後，曾試過「道情」的滋味，由於知識上的比較、研究，到近老年，才轉身大踏步，踩過這「拖屍鬼」，涉入禪宗的殿堂，在有唐一代與六祖慧能，同時成為佛家千古兩大奇人！

走進禪底光環中的寒山子，(按：寒山自始即被佛家接納，有史可徵，有人認為佛教排斥他，因未涉藏經，見地毋庸論辯) 精神解放了，徹底地大覺悟了，人——這一關打破了，所以才有這麼多「空靈妙悟」的詩，流傳人間。

復次，他有許多朦朧神祕的故事流傳民間，加強了他詩底氤氳奧祕美，他預言千百年後，「忽遇明眼人，即自流天下」，他的預言實現了，在今天的中國、日本、太平洋彼方……寒山精神的復活，豈只是佛家的光彩！又豈只是中國文化的光彩？

八、寒山詩補疑

在從事「寒山」多角度的深究中，觸及多種詩版本問題，各家所考多不盡同，版本內容差異頗大，在這一章，作一徹底劃清。

三年前趙滋蕃先生發起籌印的大字精刻精校本——揚州藏經院版《天台三聖二和詩集》（此版又經這一代出版社以四十開普及本再印），據說可能是最完整的版本。

該集恰如所云，此本共收寒山詩三〇七首。經分類編號核對，共得三言六首，五絕九首，五律及長詩（姑稱之）二七三首，七絕十首，七律（姑稱之）九首。這是我的統計，與趙序出入的是，七言十九首，比趙文中十八首多出一首，五言總共二八二首，則較趙文中少一首。

又據華岡中國文化學院（今中國文化大學）藝術研究所釋曉雲教授油印本（按：據北宋版汲古閣藏，除有閭丘胤序文外，並附豐干、拾得本事各一篇。經臺北華嚴蓮社照北宋版翻印）下例稱「汲古閣本」。

對該本，我亦加以分類編號詳核，得寒山詩計三言六首（同藏經院版），五言絕句九首（同藏經院版），五律及長詩二七六首（多藏經院本三首），七絕七首（少藏經院版三首），七律十三首（多藏經院版四首），總三一一首。

復次，胡適之先生《白話文學史》引五代禪宗大師延沼的《風穴語錄》（按：原載《續藏經》二、二十三套、二冊、一三〇頁）裏有一條說：

上堂，舉寒山詩曰：

梵志死去來，魂識見閻老，讀盡百王書，未免受捶拷，一稱南無佛，皆以成佛道。

這首形式同《寒山集》中另一首相似，詩曰：

勸你休去來，莫惱他閻老，失脚入三塗，粉骨遭千擣，
長為地獄人，永隔今生道，勉你信余言，識取衣中寶。

首兩句有同一自然音樂性質，鮮活可愛，完全出於一人之手，吟於一人之口。

把這首詩加上去，寒山詩則有三一二首。

同時在「汲古閣本」中，除收寒山詩三一一首外，並收豐干一首，拾得五十四首（按：揚州藏經院本則收四十九首，少五首）。

將這兩種版本對照研究，發現七言詩錯脫處頗多。藏經院本七絕十首，在數量上多出汲古閣本三首，另有四首分別羼列在汲古閣本律詩中。

四首羼入「汲古閣本」七律中的詩，茲依次對照排列：

一、

久住寒山凡幾秋，獨吟歌曲絕無憂，饑餐一粒伽陀藥，心地調和倚石頭。——藏經院本。

「久住寒山凡幾秋，獨吟歌曲絕無憂」；蓬扉不掩常幽寂，泉湧甘漿長自流；石室地爐砂鼎沸，松黃柏茗乳香甌；「餓餐一粒伽陀藥，心地調和倚石頭。」——汲古閣本。

二、

余見僧繇性命奇，巧妙間生梁朝時，饒邈虛空寫塵跡，無因畫得誌公師。——藏經院本。

「余見僧繇性命奇，巧妙間生梁朝時」，道子飄然為殊特，二公善繪手毫揮，逞畫圖真意氣異，龍行鬼走神巍巍；「饒邈虛空寫塵跡，無因畫得誌公詩」。——汲古閣本。

三、

老病残年百有餘，面黃頭白好山居，布裘擁質隨緣過，豈羨人間巧樣模！

心神用盡為名利，百種貪婪進己軀，浮生幻化如燈燼，塚內埋身是有無。

——以上二首為藏經院本。

「老病残年百有餘，面黃頭白好山居，布裘擁質隨緣過，豈羨人間巧樣模；」「心神用盡為名利，百種貪婪進己軀，浮生幻化如燈燼，塚內埋身是有無。」

——汲古閣本，為藏經院本二詩合成。

藏經院本所多的是這四首七絕「破詩」，另加一首汲古閣本未收的，仍有七首。

但汲古閣本律詩，則多四首，其中一首為「藏經院本」所未收。

這一首是：

昔年曾到大海遊，為采摩尼誓懇求，直到龍宮深密處，金關鎖斷主神愁，龍王守護安耳裏，劍客星揮無處搜，賈客卻歸門內去，明珠元在我心頭。

這一首，加上「藏經院本」四首破詩而成的三首完整律詩，貼出剛好與藏經院本相符。

另外「藏經院本」有兩首五言長詩，合併後則又與「汲古閣本」一首長詩完全一樣。亦誌於下：

語你出家輩，何名為出家？奢華求養活，繼綴族姓家；美舌甜脣觜，諂曲心鉤加；終日禮道場，持經置功課；鑪燒神佛香，打鐘高聲和；六時學客舂，夜夜不得臥；只為愛錢財，心中不灑脫；見他高道人，卻嫌誹謗罵，驢屎比麝香，苦哉佛陀耶。

又見出家人，有力及無力；上上高節者，鬼神欽道德；君王分輦坐，諸侯拜迎逆；堪為世福田，世人須保惜；下下低愚者，詐現多求覓，濁濫即可知，愚痴愛財色；著卻福田衣，種田討衣食；作債稅牛犁，為事不忠直；朝朝行弊惡，往往痛臀脊；不解善思量，地獄苦無極；一朝著病纏，三年臥牀席；亦有真佛性，翻作無名賊；南無佛陀耶，遠遠求彌勒。

這兩首寫在一起，中間銜接，前後敘事毫無扞格，一氣呵成，應無疑義。

復次，「汲古閣」中五言律詩亦有五首，為「藏經院本」不收，一併錄出。

一、

智者君拋我，愚者我拋君，非愚亦非智，從此斷相聞；
入夜歌明月，侵晨舞白雲；焉能拱口手，端坐鬢紛紛。

二、

世有多解人，愚痴徒苦辛，不求當來善，唯知造惡因；
五逆十惡罪，三毒以為親；一死入地獄，長如鎮庫銀。

三、

我見多知漢，終日用心神；歧路逞嘍囉，欺謾一切人；
唯作地獄滓，不修正直因；忽然無常至，定知亂紛紛。

四、

可重是寒山，白雲常自閑，猨啼暢道內，虎嘯出人間；
獨步石可履，孤吟藤可攀；松風清颯颯，鳥語聲喧喧。

五、

可貴一名山，七寶可能比；松月颼颼冷，雲霞片片起；
匼匝幾重山，迴還多少里；谿澗靜澄澄，快活無窮已。

經過勘正後的兩種版本（按：這兩種版，是自由世界流行版本），「藏經院本」減去合併後的四首成為兩首，實際只有三〇五首。（按：那兩首分割應入七律的絕句仍未算在內）「汲古閣本」原為三一一首，它本身無增減。但加上《風穴語錄》所收者，寒山詩應為三一二首。

可是經再詳對拾得五十四首，其中一首有極大嫌疑，應列入寒山詩中。另有十一首與寒山詩風格、語意、內容完全雷同，在數字上不須增減，卻不得列入拾得詩集。此皆前人未翔實勘正二聖作品之結果。

那一首列在拾得詩內有極大嫌疑的寒山詩，與寒山本事完全相符。詩曰：

少年學書劍，叱馭到荊州，聞伐匈奴盡，婆娑無處遊；
歸來翠巖下，席草翫清流；壯士志未騁，獼猴騎土牛！

這是一幅活生生的寒山畫像。拾得是拾得來的，拾來時只有十歲，他少年學什麼書劍？到什麼荊州？一直住在國清寺，又歸到何處「翠巖」？翠巖就是翠屏山——也就是寒山子的居處。

寒山子詩中所提的「寒山、寒巖、綠巖、重巖、翠巖」，在物象上，全指寒山子居處過的地方，這首詩的準確性，及其純度，在拾得詩中沒有第二首。因此，將它列入《寒山子詩集》，才算公允。又查宋釋志南《天台山國清寺三隱集》所收三〇九首寒山詩中，有一首，為他本所無，茲提列於此：

急急忙忙苦追求，寒寒冷冷度春秋；朝朝暮暮營活計，悶悶昏昏白了頭；是是非非何日了，煩煩惱惱幾時休；明明白白一條路，萬萬千千不肯休。

這樣算來，寒山子應有三一四首詩流傳在人間。

關於另十一首有問題的拾得詩，現與寒山詩一併相對排列，以供方家核政。

一、

寒山：一任寒山萬事休，更無雜念掛心頭；閑書石壁題詩句，任運還同不繫舟。

拾得：自笑老夫筋力敗，偏戀松巖愛獨遊；可歎往年至今日，任運還同不繫舟。

拾得似沒有這等生命層。

二、

寒山：自從到此天台「境」，經今早「度」幾冬春；山水不移人自老，見卻多少後生人。

拾得：自從到此天台「寺」，經今早「已」幾冬春；山水不移人自老，見卻多少後生人。

這兩首詩，只有兩個字差異，全係誤抄，不得謂二人手筆。

三、

寒山：一自遯寒山，養命餐山果；平生何所憂？此世隨緣過；日月如逝川，光陰石中火；任你天地移，我暢巖中坐。

拾得：平生何所憂？此世隨緣過；日月如逝波，光陰石中火；任他天地移，我暢巖中坐。

這首拾得詩，分明層次抄錯，僅少了兩句，與寒山全同。

四、

寒山：我見多知漢，終日用心神，歧路逞嘍囉，欺謾一切人，唯作地獄滓，不修正直因；
忽然無常至，定知亂紛紛。

拾得：嗟見多知漢，終日枉用心，歧路逞嘍囉，欺謾一切人；唯作地獄滓，不修來世因；
忽爾無常到，定知亂紛紛。

這兩首詩也只有幾個字不同。

五、

寒山：閑遊華頂上，日朗晝光輝；四顧晴空裏，白雲同鶴飛。

拾得：迢迢山徑峻，萬仞險隘危；石橋莓苔綠，時見白雲飛；
瀑布懸如練，月影落潭暉；更登華頂上，猶待孤鶴期。

後者為前者的演繹，白描的手法完全一樣。

六、

寒山：可貴一名山，七寶何能比？松月颼颼冷，雲霞片片起，嵒匝幾重山，迴還多少里；
谿澗靜澄澄，快活無窮已。

拾得：松月冷颼颼，片片雲霞起；嵒匝幾重山，縱目千萬里，谿潭水澄澄，徹底鏡相似；

可貴靈臺物，七寶莫能比！

這兩首詩除前後兩句互換，中間只變幾個字。

七、

寒山：世有多解人，愚痴徒苦辛；不求當來善，唯知造惡因；五逆十惡輩，三毒以為親；一死入地獄，長如鎮庫銀。

拾得：世有多解人，愚痴學閑文；不憂當來果，唯知造惡因；見佛不解禮，覩僧倍生瞋；五逆十惡輩，三毒以為親；死去入地獄，未有出頭辰。

這兩首詩，亦是遣詞用字的運用有別，內容完全一樣。

八、

寒山：多少般數人，百計求名利，心貪覓榮華，經營圖富貴；心未片時歇，奔突如煙氣；家眷實團圓，一呼百諾至；不過七十年，冰消瓦解置；死了萬事休，誰人承後嗣；水浸泥彈丸，方知無意智。

拾得：㈠人生浮世中，箇箇願富貴；高堂馬車多，一呼百諾至；吞併他田宅，準擬承後嗣；未逾七十秋，冰消瓦解去。

㈡水浸泥彈丸，思量無道理；浮漚夢幻身，百年能幾幾；不解細思惟，將言長不死；誅剝壘千金，留將妻與子。

「拾得」這兩首詩，合為寒山一首，內容相同，遣詞稍別。

九、

寒山：盤陁石上坐，谿澗冷淒淒；靜翫偏嘉麗，虛巖蒙霧迷；怡然憩歇處，日斜樹影低；我自觀心地，蓮花出淤泥。

拾得：雲林最幽棲，傍澗枕月谿；松拂磐陁石，甘泉涌淒淒；靜坐偏嘉麗，虛巖朦霧迷；怡然居憩地，日——（以下佚）

白描景物，依然是寒巖景象，後者末尾一句佚四個字，必然是「日——『斜樹影低』」。

一〇、

寒山：可重是寒巖，白雲常自閑；猨啼暢道內，虎嘯出人間；獨步石可履；孤吟藤好攀；松風清颯颯，鳥語聲喧喧。

拾得：可笑是林泉，數里少人煙；雲從巖嶂起，瀑布水潺潺；猨啼唱道曲，虎嘯出人間；松風清颯颯，鳥語聲關關；獨步繞石間，孤陟上峰巒；時坐磐陀石，偃仰攀蘿沿；遙望城隍處，惟聞鬧喧喧。

這後一首是寒山道上遠眺塵世的景象，較前一首，在筆觸上空間擴大，而構架排列語句則不異。

為了證明拾得這十一首詩，是寒山詩的重複誤入，我們可以推論：

一、寒山、拾得在年齡上的差距（按：二人相差三十到六十歲之多），不可能是拾得之作。（按：假定詩作紀事可信的話）（又：從詩情推論，寒拾二人，年紀相距，則不可能相差太遠。）

二、拾得詩中沒有理由出現寒山的生命背景。

三、上述十一首詩極可能由：

㈠寒山詩塗之於國清寺附近土地堂壁上被編者誤入拾得詩中。（按：道翹是寒山、拾得詩第一位搜集人？）

㈡由拾得將其日夕熟誦的寒山詩，書之於土地堂壁間，被編者誤為拾得的詩。

四、他們的山巖、牆壁、樹皮上題的詩，不著意於留下自己的款，寺僧抄錄是不遑加以細察。

五、據近年日本學界及余嘉錫氏之懷疑，此二人身份不明，詩或一人所作。

六、詩中文字的出入，基於詩人信口拈來，隨天籟而出，隨時而書，隨地而書，既有宣洩心靈祕密的衝動於前，又有勸世戒俗的悲心於後，對某一字、一句的變動是不計較的。一首詩重複在一地、兩地寫出，均有可能。詩人有一顆天真的心與悲憫的靈魂，他本「無心道人」，我們不必作「有心」會。因此，寒山與拾得的詩，便在這種情況下，有一部份被彼此不分地流傳至今。

我們既然發現此種錯列，而古人未之細察，今特為之檢出，供研究寒山詩者以拾掇，以綴補。

九、寒山詩選樣研究

一

在六十年代（民國六十年）以前，中國文學史家，對寒山子作較慎重的評價，有胡適之先生的《白話文學史》，劉大杰先生的《中國文學發展史》。楊蔭深的《中國文學史大綱》也帶過一筆；其他的名家著作或有或無，都未予寒山子以適當的地位。

在中國文學史上，給寒山子適當的地位的，是胡適之先生的《白話文學史》，因為寒山詩在形式上，是「白話」的；而且詩的份量，也達三百多首，以提倡白話文學的胡先生，自然地正視這一份千古蒙塵的文學遺產；由於胡先生的正視，此後的文學史家及批評家，對寒山子便不能再予忽視。

《白話文學史》問世以後，讀文學史的人，見到了一個寒山，卻不是大多數知識份子都認識了寒山；佛學界久已熟稔的寒山，卻不是大多數知識份子了解的寒山。因此，雖由胡適之先生的發掘，《白話文學史》的傳播，這中間，經過整個祖國的變亂，寒山子又被國人遺忘了；這一直到民國五十九年三月間，忽然有位留美學人——鍾玲女士，在〈中央副刊〉，發表一篇〈寒山在東方和西方文學界的地位〉，這篇文章，有深度，有見解，並且把寒山在美國文壇得到的崇高地位，加以詳述，因此，石破天驚；寒山子在中國知識份子的心裏，才重新激起巨大的浪花，此後坊間翻印出的《寒山子詩集》，和報刊討論寒山子的作品，如雨後春筍，寒山子之獲得國人重新估價，應該歸功於鍾玲女士。不過，對寒山詩作深入地研究、評介的，則是趙滋蕃的〈寒山子其人其詩及〈寒山詩評估〉二文。另外有陳鼎寰先生的〈寒山子的禪境與詩情〉一文，作形而上的探討。

同年，「這一代出版社」發行的《寒山的時代精神》一書內收錄林語堂先生〈論語錄體之用〉一文，也論及寒山詩的形式獨創性。

現在，歸納上述諸家的評價，並容納個人的感受，選錄寒山詩十四首，作抽樣研究。並從形式、內容、風格三方面，加以分析，並藉此文來複現寒山詩風的統一性與普遍性。

二

在形式上，三百多首寒山詩，可概分為下列各類：

一、五言小品。

二、五言古詩。

三、五言律詩。

四、五言半格詩。

五、七言小詩。

六、七言古體。

七、七言律詩。

八、五、七言排句。

九、三言古體。

在九類作品中，以五言八句的體裁最多。因此寒山子的好詩，大多容納在五言詩裏。七言作品中的佳構，比例上較少，因此，我們的選樣，都集中在五言。

復次，在整個五、七言詩中，嚴守音律的律體，極少。

在十四首選樣中，我們把它分為四組，來分別深究。

第一組——本事詩三首（本事前期）：

㈠

垂柳暗如煙，飛花飄似霰①，夫居離婦州，婦住思夫縣，
各在天一涯，何時得相見，寄語明月樓，莫貯雙飛燕。

這首詩前四句採五古形式，後四句為「齊梁體」，唐人稱之為「半格詩」，全詩一、二、四、六、八句用韻。半格詩的組合形式之運用，白居易等偶而為之，到寒山子得到大量的發揮，擺脫七律的羈絆，為前人所未有。

詩的內容，寫的是「情」，表達態度，則出之於「愁思」。詩意雖愁，但「哀而不傷」。詩人用白描手法，寫「一在天涯，一在海角」的伴侶，聚首之日，遙遙無期，但又無可奈何，只有以詩作排愁。

詩人以「柳煙」、「飛花」來譬喻天涯旅人的飄泊他鄉。以「明月」象徵「離愁」，又因「雙飛燕」之「觸景生情」，深恐引起心靈上的共通影像，因此，不願讓雙飛的燕子來引發自己更深更痛苦的相思了。

白居易有「共看明月應垂淚，一夜鄉心五處同」之句。李白的〈靜夜思〉：「床前明月光，疑是地上霜，舉頭望明月，低頭思故鄉」。李益的〈寫情〉有句：「從此無心愛良夜，任他明月下西樓」，都是以明月象徵鄉愁、情思。詩人云「寄語明月樓」，該是傳統句法的「運用」。

本詩第一、二兩句，用的是「喻」，三、四兩句，寫的是「境」，五、六兩句，表的是「緣」，

①霰：音ㄒㄧㄢˋ，是落雪前的雪粒。

末尾兩句，把全詩主題，注入「明月樓」與「雙飛燕」裏頭去，歸納到一個「情」字。

詩的遣詞用字，天衣無縫，不事雕琢，不用故典，文字淺白明暢，一氣呵成，而意境則淒涼無望，尤以「夫居離婦州，婦住思夫縣」二句，極盡婉曲地把空間背景表而出之，沒有絕高詩才，無法道出。

詩人的「情愁」是「世間」的，是「男性」的哀愁，是瞬間的情感的迸發，這種情感在李白那種大浪客、大詩人的作品中，也曾出現。如「何年是歸日，淚雨下孤舟」。

此詩表「情」、表「愁」，足可列於李、白大家之林，其筆端注滿山盟海誓，不禁任人興「曾經滄海難為水」的雲山永絕之嘆！

㈡

白雲高嵯峨，淥水蕩潭波，此處聞漁父，時時鼓棹歌，
聲聲不可聽，令我愁思多，誰謂雀無角，其如穿屋何。

這首形式是「五古」，末四句，殊無齊梁的清麗，古風較重。我們引阮籍〈詠懷〉詩一首，來與之比較，可見其格調。

夜中不能寐，起坐彈鳴琴；薄帷鑒明月，清風吹我衿；
孤鴻號外野，翔鳥鳴北林；徘徊將何見，憂思獨傷心！

除了寒山詩第一句末尾「峨」字押韻，與阮籍不押稍異，在風格上，有濃郁的古意。

此詩的主題，仍寫的「情」字，不過此情非夫婦之情，乃迫切的懷鄉之情。

本詩首二句仍是用的「喻」法，以高山白雲，淥水潭波，比喻飄流異域；末二句：「誰謂雀無角，其如穿屋何。」出自《詩經・召南・行露》篇。詩云：「——誰謂雀無角，何以穿我屋？誰謂女無家，何以速我獄？……」這本是一首男控女拒婚，女子答辯的詩；但是從中間抽出這兩句，則為譬喻女子應該有家。「雀」是「雲雀」，即俗稱的麻雀；「角」，是雀的嘴，古代獸角、鳥嘴，均稱為「角」。這兩句意謂「誰說雀兒沒有嘴？牠怎麼會啄穿我的茅屋砌巢？」以雀角穿屋，來譬喻女孩子應該有家。

在這首詩裏，這兩句則喻「雀都有角」，「能穿屋為巢」——身為天涯旅人的我，還不該回到故鄉嗎？

中間四句：「此處聞漁父，時時鼓棹歌，聲聲不可聽，令我愁思多。」這是表的「情境」，因聽漁夫唱哀愁的「棹歌」（即漁歌），而引起鄉思。有這種情境，才使詩人興發「誰謂雀無角，其如穿屋何」之概嘆！

全首寫的是思鄉之情，在這首詩裏，寒山引用了《詩經》裏一個典；但這個典故，在《詩經》本身說，是「民歌」的，來自民間，所謂〈周南〉、〈召南〉，皆是京畿民歌。

詩的特色是有一種古典美，帶著一種淺淡的哀愁；所出現的畫面，是白雲、高山、流水、漁歌，有點像王維詩中的畫，完全發自內心深處的真情流露，事實上，沒有情感，又那裏會產生動人的作品呢？

以上這兩首詩，都帶著悲愴的音樂節奏，使人內心沾染著一份濃重的愁悶情懷！

㈢

吁嗟貧復病，為人絕友親，甕裏長無飯，甑中屢生塵；
蓬庵不免雨，漏榻劣容身，莫怪今憔悴，多愁定損人！

這首詩的形式，與上兩首，則因中間四句的對偶而改變。因此，此詩要歸入「五律」範疇。雖然第一、二兩句，平仄不盡適當，似運用古詩手法，且第四句「甑中屢生塵」這句中的「生」字，應作「仄聲」而用「平聲」，在韻律安排上，不無非議，但是詩人卻「扭」了一下，擺脫了聲律的羈絆，這是寒山詩的特色之一。

雖在聲律上不拘格調，但並非寒山不諳格律。寒山詩云：「有箇王秀才，笑我詩多失，云不識蜂腰，仍不會鶴膝，平側不解壓，凡言取次出，我笑你作詩，如盲徒詠日。」詩人的作品中，有六首關於「詩論」的，對沈約的四聲八病，不屑遵從，這是自然主義作家共通的傾向，如一味強調音律，則性靈無法表露，個性無法發揮。李白、蘇軾，都屬此流亞。

這首詩頭兩句，明的是「因」，中間四句，寫的是「境」，末二句，表的是「情」。此情，是因貧而愁，因愁而憔悴、而苦難之情狀！這真正是「天台典型的貧士」。全詩無一句一詞不寫「愁」字。貧得生病，貧得親友斷絕往來，貧得鍋裏沒有飯，甑裏沒一粒米；貧得茅蓬漏雨，床舖不能容身；貧得形銷骨立，面目全非。細心體會這首詩境，恐怕比陶潛沒錢買酒喝那種苦況，又不知苦到什麼地步了，真是令人一掬同情之淚。

此詩雖屬律體，但是詩人的情感、個性，並沒有被格律束死，詩人運用通俗的語言，表達生活上最真實的景象，引起讀者的共鳴。所謂「莫怪今憔悴，多愁定損人」，只有身逢其境的人，才能體會貧的辛酸與加諸心靈的折磨；古今不知有多少天才，被五斗米困死，實屬人間悲劇。此詩之特色，正是它底淺俗。俗得「言淺意深」，把貧窮，用四十個字，點滴白描。到令人難以忍受的地步，還不算深刻嗎？古今來，有多少詩人，能放棄格律、雕琢、典故、淺俗，直入心靈解放，自由舒寫的毫端？像中晚唐人，也有「元輕白俗」之譏，我想，寒山詩所以未能為前人肯定其崇高地位，大概就是因為前人病「俗」罷！

在未結束本節之前，關於「半格詩」的涵義及例證，在這裏，引用趙滋蕃先生〈寒山詩評估〉中之節錄，以見其概觀。

——趙執信嘗問古詩「聲調」於王漁洋，王氏譏之；因發唐人詩集，究得其法，為《聲調譜》一卷。其中謂「半格」者，即一詩而兼具「古體」與「齊梁體」之謂。

換句話說，例如一首五言八句的詩，前四句為古體，後四句為齊梁體，各得一半，故謂「半格詩」。

——所謂「古詩」的特徵，是純樸、通俗、有音樂的節奏感。而寒山在建立自己特殊風格之前，已經過一番豐富深邃的背境陶練。因此，他綜合了古體（古詩與樂府）的淳厚、簡樸、生動、活潑，遣詞用字，有強烈的音樂性。

——至於「齊梁體」的特徵，是「華采豐贍，清新俊逸」。

這兩者構成寒山詩的特殊風格。可是，我們面對一首形似古詩，而實是「半格詩」的作品，如何判定它底類屬？則要靠個人的詩學欣賞修養了。「古體詩」尚易評斷，「齊梁體」的「華采豐贍，清新俊逸」，「美」未必在辭，「逸」不必在字；只有從意境與綜合的概念，可見端倪。

茲舉寒山半格詩一首為例：

欲得安身處，寒山可長保；微風吹幽松，近聽聲逾好；
下有斑白人，喃喃讀黃老；十年歸不得，忘卻來時道。

這首詩，前四句是古體形式，後四句，在意境上有「清新俊逸」的出塵感，我們稱之為「齊梁體」。這前半截「古體」，不必調平仄，不對偶；加上後半「齊梁體」便組成了「非古詩，非律詩」的寒山「半格詩」！

在唐人詩中，稍晚於寒山子者（按：寒山一生涵蓋了白居易一生前大半，白晚逝二十年），大詩人白居易，在他的《白香山集》卷六十九，九十五首中集「半格詩」四十首之多，恐怕這是中國詩史上較早的律詩變體。

白詩半格，多為十二言六韻，多者有二十韻，像寒山子五言八句半格則沒有。且大半用直韻。

詩中該對偶的各聯，白氏任意安排，可對可不對，除對偶者外，其他各聯平仄亦不拘，又形同〈古詩十九首〉。

茲引白氏半格數首：

㈠〈香山居士寫真〉

昔作少學士，圖形入集賢；
今為老居士，寫貌寄香山；（不對）
鶴毳變玄髮，雞膚換朱顏；（對）
前形與後貌，相去三十年；（不對）
勿歎韶華子，俄成婆叟仙；（對）
請看東流水，亦變作桑田。

㈡〈小閣閑坐〉

閣前竹蕭蕭，閣下水潺潺；
拂簟捲簾坐，清風生其間；（不對）
靜聞新蟬鳴，遠見飛鳥還；（對）
但有巾掛壁，而無客叩關；（對）
二疏返故里，四老歸舊山；（對）

吾亦適所願，求閑而得閑。

㈢〈櫻桃花下有感而作〉

藹藹美周宅，櫻繁春日斜；
一為洛下客，十見池上花；（對）
爛熳豈無意，為君占年華；（不對）
風光饒此樹，歌舞勝吾家；（對）
失盡白頭伴，長成紅粉娃；（對）
停杯兩相顧，堪喜亦堪嗟！

上引三首樂天半格詩，如若皆是五律，則無一首合音合律。除頭尾二聯不對偶，其他各聯均應對，可是白氏不顧格律，在上詩中，第一首應對偶的中間四聯，只對了二、四兩聯。第二首應對的四聯僅第一聯不對，其他均對。第三首中與第二首一樣，對三聯，其中有一聯不對。詩既成了半格，倒不一定講究其中格律之一半，乾脆隨心所欲，這是詩人有意擺脫聲律羈絆的一種自我解放；在白樂天言，並非刻意創造一種半齊梁半古詩的新體；我想寒山子亦是如此，並無用心的跡象。

半格詩的出現，當為格律詩的反動，寒山子之前是否有人創作，尚未見發現；今有白氏之半格，可謂無獨有偶。

「半格詩」的風格，可說是趙氏評估寒山的「創見」，值得我們珍視。（註：凡破折號以下各段文字，均出自趙文。）

三

我們結束第一組「本事前期」的選樣，現在選錄「本事後期——寒巖期」三首詩，作為第二組代表作。

㈠

何以長惆悵，人生似朝菌，那堪數十年，親舊凋落盡；
以此思自哀，哀情不可忍，奈何當奈何，託體歸山引！

在前節已經闡明「半格詩」的特徵，這首詩形似「古詩」，實亦「半格」。後四句，已較古詩為「俊逸」，蓋古詩敘事、言情，多質樸天真，甚少婉曲之境，此詩則不同。

這首詩的內含，表達了一個「哀」字，哀自己，哀人類，哀人生。首二句，哀的是「因緣」，因為人生短暫得像清晨出的菌子，太陽一出則萎。三、四兩句，表的是「喻」，以「親朋」逐漸凋零，說明人生不堪數十年光陰的淘汰。五、六兩句，寫的是「以人證己」，發端於人類情感息息相通的共鳴；對人生既有如此「無常的勘破」，因此，末尾兩句，便走入「歸隱」一途。

也許這首詩，便是寒山子「隱居」的信號，詩中「託體歸山引」的「引」字，是「隱」的「通叚」。亦可書作「託體歸山隱」。這便是，「人生如此短暫，無常瞬息將到，怎麼辦，怎麼辦呢，把自己的生命寄託在深山歸隱學道上吧！」

寒山子的歸隱最初動機，也許是學「道」。這首詩風的純樸、自然、俊逸，一如上述三首，通首沒有一字故作艱深神祕，我們嗅到的氣氛，是淺淡的生命，脆弱的氣息。像「長亭送別」一樣，詩的韻味有音樂的旋律，尤以末四句，我們低首吟哦，便覺得像一首「人生的輓歌」，韻律曲折而幽邃。

下面，附錄兩首寒山子實際行動的詩。

自見天台頂，孤高出眾群，風搖松竹韻，目覩海潮頻；
下望山青際，談玄有白雲，野情便山水，本志慕道倫。

一向寒山坐，淹留三十年，昨來訪親友，太半入黃泉；
漸減如殘燭，長流似逝川，今朝對孤影，不覺淚雙懸！

前一首是「五律」，只有末尾第七、八兩句平仄不拘，其他各句有天風出塵之態，尤以「野情便山水」一句，「神思縱逸」，的非凡品。

第二首是「半格詩」，詩人隱居深山，已經三十年了，人生漸減為「殘燭」，時間長流似「逝川」；夫復何言？

（二）

可笑寒山道，而無車馬蹤，聯谿難記曲，疊嶂不知重；
泣露千般草，吟風一樣松，此時迷徑處，形問影何從？

這首詩，可說是純然的「五言律詩」，無一字、無一句不工不穩；這足以證明寒山子之撇開格律，只是他打開另一扇創作之門，去開闢自己的新天地；陶潛之寫意山水田園，李白的樂府、五絕，蘇軾的不管音律的詩人詞，都是走的這條路，這些人，都是天才與強烈的因襲反抗者；在詩史上，都代表著浪漫的「個人主義」。

這一首，出乎讀者想像的，採用「插入手法」（像寫小說一樣），來一句「可笑寒山道」這一「懸疑」，「寒山道」有何「可笑」之處呢；它不過是一條「而無車馬蹤」的山間小徑而已；問題是，這山間小徑沿途的景物，可就偉大了！這兒——

「有記不清的，彎彎曲曲的交接的溪流山谷」；

「有數不盡的重重疊疊的崇山峻嶺」；

「有每天清晨為朝露而流淚的百千般花草」；

「有整天為山風吟哦滿山的蒼松古柏」；

像這樣一條迷宮似的「寒山道」，表面上，靜謐如永恆；實質上，太玄妙了！你忽然迷失在它的懷抱，那個血肉之軀的你，不禁要問一問那個「妙覺靈明」的你了：「現在，是萬花筒般的世界，有世俗的花草，也有雲氣氤氳的靈山，喂！我們該走那條路呀！」

此詩在表面上，是渲染寒山的幽邃，奇絕；透過詩人誇張的筆，美化了寒山，複雜化了寒山，可是，這可笑的「寒山道」，並不單純是「物象」的天台山的一脈支嶺；詩人在冥冥間，暗示著寒山道的「廣度」與「深度」，這裏的寒山意義，已經昇華到「二重奏」了。

「寒山道」的世界，實在是「心」的實象，寒山一方面是肉眼山水；一方面是「心靈」上的「高峰」。

詩人說：「現在，你在二者之間，選擇其一吧！」

寒山子的「寒山」，久已成了他的有形與無形的化身，佛性的徵象；詩的深度，從景物的寫意上幻化出來，這裏面，就「純詩」說，有陶潛的高遠與摩詰的曠淡。這是一首風味絕美、境界絕俗的隱逸詩。

㈢

杳杳寒山道，落落冷澗濱，啾啾常有鳥，寂寂更無人；
磧磧風吹面，紛紛雪積身，朝朝不見日，歲歲不知春！

每句首二字，全用疊字的這一首「五律」，是寒山詩中形式最突出的一首「純詩」。美得像仙境，靜得像永恆，幽得似古廟，荒得像沙漠。

全詩寫一個完美的靜謐世界，那便是「寒山」。詩人的靈魂，詩人的隱居地，詩人的一切。從每一角度，去加一筆在「寒山的寫意圖上」。

杳杳的寒山（杳杳，形容詞）；落落的冷澗（落落，形容詞）；啾啾地有鳥鳴（啾啾，副詞）；寂寂地無人聲（寂寂，副詞）；磧磧的風——吹面（磧磧，形容詞）；紛紛的雪——滿身（紛紛，形容詞）；朝朝——都不見太陽（朝朝，副詞）；歲歲——不知春去春來（歲歲，副詞）。

這首詩的工夫，是寒山子蘊育陶練數十年的深厚個性的表現，有如一手太極拳，看不出有形的力，但充滿著靜態的美。靜裏有動，詩人活在這樣一個世界。在這個世界，必須要具備堅忍、強烈的個性，去領教生命的無情、冷酷、忍耐、寂寞的一面——假使他是一個純粹詩人的話。

這首詩不僅在寒山子三百多首詩中，是唯一的；在《全唐詩》四萬八千九百多首詩中，也很少相似之作。這種境界的「空靈高遠」，使寒山子不復再有古人的痕跡。

以上述選樣詩為準，現在借別人的口吻，對寒山子的詩風，先加以列論；等到本文結束時，再說拙見。

首先，文學史家劉大杰在他的《文學發展史》上說：「詩偈不分，正是梵志、寒山作品的共同特徵；不過因為他描寫的範圍較廣，而又時時能加以自然意境的表現，因此他的詩，不似王梵志的枯淡，而有另一種情韻和滋味。」

劉氏並舉「千雲萬水間」、「自樂平生道」、「閑遊華頂上」、「閑自訪高僧」等四首詩為例，劉氏說：「這些作品自然是寒山集中的佳作；好處是有自然界的意境，有詩人的性情，一點不覺得枯淡，字裏行間，處處顯出一種『高遠空靈』的情趣。」

另一位文學史家楊蔭深說：這一個怪僧，向來也當他是神話中的人物。至於天台國清寺還有他的供奉，是當他作「仙僧」看待的，他的詩大都題在樹上或人家的屋壁上。今有《寒山子集》一卷，如下舉二例：

有箇王秀才，笑我詩多失，云不識蜂腰，仍不會鶴膝；
平側不解壓，凡言取次出，我笑你作詩，如盲徒詠日。

東家一老婆，富來三五年；昔日貧於我，今笑我無錢；
渠笑我在後，或笑渠在前；相笑儻不止，東邊復西邊。

楊氏說：「前者（前一首詩）是說他做詩時態度，可知他根本不贊成『蜂腰』、『鶴膝』的。後者的詩，簡直如說話一般，而用意卻也很深。」

——這兩位名家，無論如何，已看出寒山子的好處來了，不像早期的史家，連提也不提。至於他們的「文學史」成書，都在抗日戰爭以前。

無疑的，他們是受了胡適之先生《白話文學史》的影響。胡適之先生，對寒山子，只是就所收的史料，加以排列，求證寒山子的「時代」，至於「寒山詩的價值」，我以為他留給讀者去體味。

他自己只說寒山子的詩，是「承襲王梵志的詩風」，如此而已。不過，他把寒山子慎重地納入他的著作，認真地研究，可見他對寒山子重視的態度。

現在，我們看現代人——趙滋蕃先生的評論。

趙滋蕃在他的〈寒山詩評估〉一文中說：

「大凡原創力十分強勁，擴散著田園風格與牧歌氣息的詩篇，多尊重自然境界（按：這一點與劉大杰的意見相似），不尚藻飾。故司空表聖（唐・司空圖）『二十四詩品』論『自然』時謂：『俯拾皆是，不取諸鄰；俱道適往，著手成春；如逢花開，如瞻歲新；真與不奪，強得易貧；幽人空山，過雨采蘋；薄言情悟，悠悠天鈞。』

「若歸納陶潛、鮑照、王績、王梵志，寒山遙接淵明的沖淡閑遠，放曠野情；近承王績、王梵志的樸質淺顯，真情實意的白描手法，有所法而後能，有所變而後大。……」

又說：「寒山在他的特創半格詩中，首先發現了傳統形式的綜合，絕非因襲，而是開新。他以曠野深心，洞矚反抗時代潮流者所必須付出的寂寞，不獨是四海無人識，而且很能贏回一片噓聲。

「——一位睜開一隻眼睛作夢的詩人，心靈上必然深刻感受到雙重痛苦。他活在當代，但渴望未來；他誠懇地接納他生存的時代影響，卻在創作上展現了反抗傳統，突破時代的頑強個性。他想在未來的預示中尋覓已逝的生命。天才之不見容於故國與鄉土，不見容於他生存的時代，大概是古今中外無可逃避的永恆悲劇。」

最後，他說：「詩人寒山的故事詩，出現於十三世紀以前，可以說是詩城中開天闢地的大手筆，惜千古無人道及，想來不免悲愁。寒山之『不朽』，寒山精神之能流布東方與西方，我想絕非偶然之事。他的原創活力，強韌地支持了詩人死後的生命。故事詩（按：即寒山詩中除卻勸世詩、佛理詩，所留下的一些「敘事詩」）僅是許多例子之一。

「若論其詩的密度，他的詩材所表現的生活內容之廣博，口語入詩所表現的自然生動，形象之鮮活與意象之沖遠，他的詩對當代所產生的影響，所激發的人生態度，都應有專文論列。」

以一個實際從事創作與文學批評的趙滋蕃，來「評估」寒山子，筆觸便刻意地深入、細微，使寒山子的詩，在「純詩」地位上，有一個較公正的評價。

四

綜合上述各家檢討寒山詩以後，再來欣賞第三組——寒山子的「佛理詩」。

㈠

人問寒山道，寒山路不通，夏天冰未釋，日出霧朦朧；
似我何由屆，與君心不同，君心若似我，還得到其中。

這首詩的形式是「半格」。既非「五律」（因無對偶），亦非古體；詩意前四句古樸，後四句曲徑飄逸。

此詩的表現，完全是「隱喻」，用的雙層手法白描，因為「寒山道」既是寒巖山間那條小徑，又是寒山心目中的佛性、靈山。茲以劣筆模譯如後：

如若——有人問我寒山路徑，
我說——寒山之路永遠無門；
——夏天冰雪①依然未化；
——清晨日出、煙霧朦朧；
——似我，為何能踏上寒山，常住寒山？
——因為，「我心」與「你心」不同。
——若果，「你心」也似「我心」；
——你也會踏上寒山，常住寒巖！

*

這首詩裏，「你心」與「我心」的交換，那個「客位」的凡夫俗子，便能通過寒山小徑了。那麼，能進入「寒山」的先決條件，必須是他的心裏沒有冰雪，沒有煙霧；因此，詩裏的「寒山」

①此冰雪是世間的冰雪，也是人心的煩惱。

是「靈山」，詩裏的「我心」是「佛心」。但是在表象上，詩人卻用有形的物象把它遮住，看來好像寒山真像喜瑪拉雅山一樣高深難測；實際上，表現主題的，卻在後四句，「你心」與「我心」的交換上。

如果寒山子沒有這一層境界，這首詩是無法表達的。最近，有些人信口批評寒山子只是一個詩僧，既不懂禪，也未悟道；這話不知怎講！光憑天才，光憑技巧，是謝靈運的詩格。寒山子的詩，充滿天真的情感，空靈的寫意，是陶淵明的那一派；所謂「文章千古事，得失寸心知」，文字禪畢竟害事！

詩的內涵既如上述，且寒山子的風格是一貫的，在最淺淡中透發最高深的哲理，充滿著激盪的情感，強烈的個性，因此在千古大詩人中，能不與人同！

其次，下列三首，其意境、主題與上述那首詩彷彿，且表達角度，都有不同的韻味與禪味，也都是寒山詩中的上品！

這三首詩全是「半格」。文字易解，祕義難會！

1.

自樂平生道，煙蘿石洞間，野情多放曠，長伴白雲閑；
有路不通世，無心孰可攀，石牀孤夜坐，圓月上寒山！

2.

慣居幽隱處，乍向國清中，時訪豐干道，仍來看拾公；
獨迴上寒巖，無人話合同，尋究無源水，源窮水不窮。

3.

時人見寒山，各謂是風韻，貌不起人目，身唯布裘纏；
我語他不會，他語我不言，為報往來者，可來向寒山！

㈡

寒山道，無人到；若能行，稱十號①；有蟬鳴，無鴉噪；黃葉落，白雲掃；石磊磊②，山隩隩③；我獨居，名善導④；子細看，何相好⑤！

這三言古詩，在傳統的文學史上，是沒有地位的，因為根本沒有人從事此種形式的創作。《全唐詩》二千三百多家作品中，只有一兩首，而且沒有突出的意象，令人深念不忘。且中國歷史上

①十號：引申為「佛陀耶」。佛有十號：一、如來，二、應供，三、正遍知，四、明行足，五、善逝，六、世間解，七、無上士，八、調御丈夫，九、天人師，十、佛世尊。
②磊磊：山石眾多的樣子。
③隩隩：山形深曲的樣子。
④善導：佛的別稱，佛善於引導世人也。故名。
⑤相好：佛之瑞相，有三十二種特徵，如胸有卍字、眉間白毫、美目紺藍、髮形細曲……。

有數的名家，都無三言詩傳世。

但是，寒山子有，共計六首，從四句、八句，到十四句，表現的形式，都很強勁。這種三言體，看來好像一首五言古詩去掉每句頭兩個字。所謂上二下三式，只剩下面三個字。每句三個字的詩，簡直無迴旋轉捩的餘地，不像五言詩，可以低迴婉轉地表達；因此，三言詩，就更難討好了。

比三言詩稍具伸縮的是四言詩。四言詩大多在《詩經》中發揮到頂點，到曹孟德、嵇康，作一個結束，以後簡直再無人寫四言詩。事實上，寫也寫不好，再也超不過《詩經》與曹操了。接下四言詩的，當然是〈古詩十九首〉的五言詩。就三、四、五言比較，三言詩可以說是作者對傳統的一項反抗；寒山子的三言詩，表現得非常古拙、奇突、桀傲（在詩的氣勢上言）；作者的才華、個性，像西洋人的油畫，潑辣地——用沒有周折餘地的三言獨創體塗抹出來了。在這兒，我們不必過份恭維寒山老人，事實上，三言體與半格詩，都是寒山子不平凡的歷史性的創作。

這首詩第一句「寒山道」，正與前五首詩一樣，「寒山道」就是「佛道」；所以凡夫俗子不能到；如果你能到，你就是「佛」。

寒山道上，在這首詩裏，又另有一番氣象，與「杳杳寒山道」有所不同。這兒的寒山道，「有蟬鳴」，沒有「烏鴉噪」；黃葉落，有白雲來掃；滿山多得沒法數的怪石嶙峋，而山的津曲險巇，又幾疑仙境。這裏面有「事相」的寫實，你也許以為這就是寒巖的景況，豈料在有形的蟬鳴、鴉噪、黃葉、白雲、怪石、奇峰之外，還有深一層的「理性」在。

因此，在這樣出塵的世界裏，只有那一個人可以在這兒吟風弄月，那一個人——就是坐脫乾坤的佛子，就是打破疑團的寒山。末尾兩句，是整個佛的「讚美詩」。全詩如一曲天樂行空，意境曠邈無倫。

㈢

吾心似秋月，碧潭清皎潔，無物堪比倫，教我如何說。

這首詩在製作形式上，是略似李白樂府小品〈靜夜思〉。

同時這首詩意只有從「形而上」會意，不可作寫實的分析。

此詩所寫的是：赤裸裸，圓陀陀，光灼灼的無相之相；無物之物；非道之道；禪心不可說不可說。強為之說，只有說——

我心如秋月，

照耀在碧波上，清瑩，皎潔；

我心，月色，無物堪比，

只有意會，不可言說。

這首詩境之純形上化，由形上再轉入「抽象的意象」，這是佛家禪語詩的特色。是由文字表達「靈明妙心」的上乘手法。我們說「禪悟」，禪字不一定就是達摩以後的「祖師禪」，凡透過佛家的方法論，進入「三昧」境界的一切覺悟，都可謂「禪」。不過達摩以後的禪，直到六祖慧能，才「中國化，個性化」，變為「直指人心，見性成佛」的Zen，與禪那(Dhyana)分道揚鑣！

又有時人說寒山詩裏沒有「禪」，「寒山非禪」，凡後人以寒山為禪人，詩為禪詩，皆屬「奇玄的感染」，透過文字的妄測。

但據揚州藏經院本《三聖二和詩集》之楚石、石樹二位禪師和「寒山詩」，禪入禪出，是不是受了寒山的「玄境」感染，還是楚石、石樹二禪師不懂禪？還是《景德傳燈錄》的作者不懂禪？茲隨錄二師和詩各一詩，以賅其餘。

寒山：

高高峰頂上，四顧極無邊；獨坐無人知，孤月照寒泉；
泉中且無月，月自在青天；吟此一曲歌，歌終不是禪。

楚石：

吾家在何許，乃在白雲邊；上有數株松，下有一曲泉；
最好明月夜，方當素秋天；鳴蟲與落葉，共說無生禪。

石樹：

坐來閒不了，時想到崖邊；動筆花飛硯，煎茶鶴聽泉；
日華籠翠樹，潭碧繪青天；人境尚雙遣，何容比量禪？

我們在楚石、石樹二師五百多首和詩中，分析有關和寒山的「禪詩」份量相當多，他們已把寒山當作「禪客」。而且肯定「寒山」的禪境，否則他們的和詩有何意義。

復次，寒山「高高峰頂上」一首，末尾兩句「吟此一曲歌，歌終不是禪」。這兩句絕不是寒山「否認自己不懂禪，不是禪」；（按：即使寒山不以禪為專的話）如果這樣會意，若強作解人，是根本不解寒山詩的。

所謂「吟此一曲歌，歌終不是禪」，因為歌是出乎「音聲」的。佛說：「以色相見我，以音聲求我，不得見如來。」試想出自「色、聲、香、味、觸」五塵的歌聲，如何算得了「禪」？寒山子並未說錯！寒山子所要表達的——是指示凡夫俗子不可執「音聲相」而求禪，這那裏是寒山子否認自己非禪呢？

就這首詩的「高遠靈明」意境言，倒是楚、石二師的和詩，是非常糟粕的。

㈣

身著空花衣。足躡龜毛履。手把兔角弓。擬射無明鬼。

這是一首詩與偈子合流的五言小品。

詩人在捕捉一點心靈中（三昧境）警察捉強盜的剎那光影，精彩極了。雖然文學意味淡於哲學意味；詩的氣氛，薄於偈的氣氛。

佛經裏，用「空花」、「龜毛」、「兔角」，象徵一切抽象的虛無，虛無的「實象」，可以上天入地，入水不滅，入火不焚；變化無窮，法力無邊；因此，把這些「虛無」賦予形式，它便可以對付惡魔了，而這惡魔，便是那稱之為「阿維耶」(Avidya)的無明之鬼，是人性黑暗面的總集合！

以空對空，是「以物制物」。如「以有對空」，形同活人捉鬼，便無從下手！

讀這種詩，如同看天上閃光，噴氣機留下的白色氣帶，真有說不出的奇特奧祕，評論已是多餘。

㈤

勸你休去來，莫惱他閻老，失腳入三途，粉骨遭千擣，
長為地獄人，永隔今生道，勉你信余言，識取衣中寶！

*

梵志死去來，魂識見閻老，讀盡百王書，未免受捶拷；一稱南無佛，皆以成佛道！

本組第五首，除「勸你休去來」一首，另外附上「焚志死去來」，以對比欣賞。因這兩首詩的語法是一致的。雖然製作形式不一。前者是「半格」，後者是六言古體。

這兩首詩都有新鮮、活潑的形象，口語的運用，是方言化。「去來」兩個字，就是「去了」。「勸你休去來」，就是「勸你不要去——」。「梵志死去來」，就是「梵志已死去——」。「來」是語尾助詞，沒有「實詞」的意思。

江、浙講話，語尾都愛帶個「來」字。大約天台的方言，也是如此。例如：「儂弗要去來！」上海、寧波一帶均有這種語型。「來」字根本沒有意思！不過表示「提醒」你，告訴你不可去，為你好！

這種土語的運用，在唐人詩中絕無僅有，如有的話，是顧況，運用閩南方言寫的那首樂府〈囝〉。在〈囝〉裏，有「郎罷」一詞。

「囝」，音「蹇」，就是「兒子」。「郎罷」，是爸爸。都是土語，亦十分出色。

寒山這兩首詩中：

「三途」，即「畜生、地獄、餓鬼」三惡道，

「衣中寶」是比喻「佛性」，「自家本有」；

「百王書」即是「聖賢書」，

「南無佛」，「南無」是「歸依」的意思。

「梵志」指「王梵志」，隋末白話詩人。

這兩首詩在意境上說，是很淺俗的。而且主題也只在「勸世」，沒有難以會意的哲理。令人激賞的是——而能膾炙人口的，便是它的生動的口語形象化。尤其開頭二句，令人彷彿一個浙江老頭，指名提醒你，叫你信佛，你要不信佛，那不認人的「閻王老爺」，可對不起你！哼！

五

第四組，我們選錄雜詩三首。

這三首詩，都是古體，樸實無華，應用口語表達人生百相；體裁使用廣泛，這是寒山子超越王梵志之處，其成就也非王梵志可比。此首用仄韻，形似五律，中四句運用「回文」對偶，一般律詩，均不用仄韻。

(一)

欲識生死譬，且將冰水比；水結即成冰，冰消返成水；
已死必應生，出生還復死；冰水不相傷，生死還雙美！

這首詩的思想背景來自《楞嚴經》的冰水之喻。經文上短短三兩句話，在這裏構成古詩形式，這種作風，有莊周的奇兀放曠，在事實上，寒山子的詩風，也曾經接受過老莊的激盪，而且莊周的痕跡在這首詩裏，表現得尤其顯著。雖然，寒山子以冰水喻「生死輪迴」；他把生死已當作「遊戲」，其基本結構，依然是以「氫二氧一」為性，並無不同，只是形式上、量上的轉換；所謂「冰水不相傷，生死還雙美」，這種態度，逍遙自在極了！

寒山子的「生死觀」，在另一詩裏，也有相似的表現：

莊子說送終，天地為棺槨；吾歸此有時，唯須一番箔；
死將餧青蠅，吊不勞白鶴；餓著首陽山，生廉死亦樂。

莊子將死，弟子欲厚葬之，莊子曰：「吾以天地為棺槨，以日月為連璧，星辰為珠璣，萬物為齎送，吾葬具豈又備耶？」（見《莊子・列禦寇》）

莊子的生死境界固大，但仍以「天地、日月」為範疇，而寒山子則沒有範疇，他的生死觀是「動」的，「無涯際」的。莊子「玩世」，寒山「隨世」。

這首詩，在佛學思想中，加上幾顆莊周的鹽粒，又附上一些美學要素，使本來是「語錄」，本來是「偈子」的勸世文，變成了誘人深思，發人會心微笑的詩篇。

㈡

我見瞞人漢，如籃盛水走，一氣將歸家，籃裏何曾有？
我見被人瞞，一似園中韮，日日被刀傷，天生還自有！

這一組第二首詩，詩人用對比手法，寫兩個相反性格的人，他們的行為，都突破了自我的「預期」，服從「因果律」的裁決。主題雖是「勸世」，但絲毫沒有香火味，本來「如籃盛水，如刀割韮」，是佛經的喻言，從對比手法表現，把「偈子」的枯澀變為對奸狡者的告誡，與對忠愚者的安慰；透過古詩形式，使經文的譬喻，有了活的生命。

瞞人者，上天給你的，是虛無；

被瞞者，上天給你的，是滿足。

正如老子所說：「天道無親，常佑善人。」

如果說寒山子的詩，對世界有什麼沖激力量，這首詩給人的暗示，是善良的人，有時候不免失多於得；但是，上天給他的，是充實著生命的自信與力量，像園中韮一樣，「快刀割不盡，春風吹又生」。

㈢

我見百十狗，箇箇毛鬡鬡；臥者渠自臥，行者渠自行；
投之一塊骨，相與啀喍爭；良由為骨少，狗多分不平。

寒山子在這一首「故事詩」裏，顯示出一種悲憫的同情，他同情那無數為「食」而爭鬥、而赴死的「眾生」。他那裏是寫「狗」？他以「畜」擬「人」；充份地運用文學的「擬人格」，使詩情突出而產生鮮活的形象。如果用「人」來說明彼此的鑽營逐鹿，那裏會像那些「箇箇毛鬡鬡，臥者渠自臥，行者渠自行」的狗們，表演得出色，繪聲繪形？

上天丟了一塊骨頭給牠們，牠們便「相與啀喍爭」，個個齜牙咧嘴，面目猙獰，吼吠相向，能不叫寒山子悲心怛惻麼？

這首詩的形象化，與口語的強勁，展示了寒山老人強烈的個性，與「振衣千仞崗，濯足萬里流」的千古獨立家風，也難怪美國人要崇拜他。「啀喍」，讀作「崖柴」，犬嚙貌。換句話說，就是二隻狗為爭食，所發出的聲音與所表現的動作，兩者混合的仇恨表情。啀喍一詞，本是江南土語，土話入詩，使本是文質彬彬的詩句，突然注入新血，詩的生命變得狂野，顯示一股海流似的不羈！

寒山子透過白描來塗抹眾生的不悟——僧多粥少，而且社會上一直如此表演這齣「不平」的戲；於是，寒山子又同時深沉地，矜憐他們的不悟——這正是佛家哲學的本色！

在未作總結之前，為了比較古詩到寒山詩的進展形跡，特將漢、魏、南朝詩人作品各選一首排列。

1. 成帝時民謠（按：五古之最初形式）

邪徑敗良田，讒口害善人；桂樹華不實，黃雀巢其頂；古為人所羨，今為人所憐。

2. 〈古詩十九首〉之一　漢・無名氏

涉江采芙蓉，蘭澤多芳草；采之欲遺誰？所思在遠道；還顧望舊鄉，長路漫浩浩；同心而離居，憂傷以終老。

3. 〈七哀詩〉　魏・曹植

明月照高樓，流光正徘徊；上有愁思婦，悲歎有餘哀；借問歎者誰？言是蕩子妻；君行踰十年，孤妾常獨棲；君若清路塵，妾若濁水泥；浮沉各異勢，會合何時諧，願為西南風，長逝入君懷；君懷良不開，賤妾當何依！

4. 〈與殷晉安別一首〉　晉・陶潛

遊好非久長，一遇定殷勤；信宿酬清話，益復知為親；去歲家南里，薄作少為鄰；負杖肆遊從，淹留忘宵晨；語默自殊勢，亦知當乖分；未謂事已及，興言在茲春；飄飄西來風，悠悠東去雲；山川千里外，言笑難為因；良才不隱世，江湖多賤貧；脫有經過便，愈來存故人。

5.〈別范安成〉 梁・沈約

生平少年日，分手易前期；及爾同衰暮，復非別離時；勿言一樽酒，明日難重持；夢中不識路，何以慰相思。

6.寒山子詩

千雲萬水間，中有一閒士；白日遊青山，夜歸巖下睡；倏爾過春秋，寂然無塵累；快哉何所依，靜若秋江水！

*

第一首民謠，僅是五言古詩的雛形，仍未定型，來自民間，文字只求其順口，不求工整。

第二首古詩，為東漢無名氏之作，雖是「無名」，詩成定型，已有音樂的節奏，充滿淒婉的憂思，文字是樸拙的，自然的，不刻意修飾。至此古詩已經成熟，後人據以發揮。

第三首曹植的〈七哀詩〉，已擺脫民間氣息，趨向「美化」，仍未華富，只意識著詩的「古雅」，並且同具古詩的音樂性與作者的才情，這首詩是曹植的名作。

第四首，是陶潛的「送別友人殷晉安東歸」的詩，有人說，陶詩出於左思，此首中的「颸颸西來風」，類似脫胎於曹植的「願為西南風」，雖然所寫時主題不同，而古意盎然，動人「離愁」是彷彿的，古詩之美，便是美在「不做作，不搽粉，不矯情」。

第五首，南朝沈約的「送別范安成」，與陶詩主題一樣，沈詩已傾向曲折求美的路子，沈約是「齊梁詩人」，足可為代表，此首雖「古」，形式已是南朝衣冠。

＊

第六首寒山子詩，是「半格」，乍看與上述五言無異，前人亦把寒山之五言，作為五言古體，並無「半格詩」之說。半格詩不過是「古詩」與「律詩」之間另一創作形態，而且在製作的體式上並無改變。改變的，只是在「表現上、意識上」，所以分寒山的半格詩與古詩之別，便要認識兩者風格與文采的異同。

寒山這首詩，前四句是「古詩」，後四句是「齊梁體」，是兩者的綜合，古而自然，帶著美逸的傾向。

六

本篇抽選寒山詩四組，十四首，形式與內容的分析，已分別列論，其風格並已引述劉大杰等諸家贊語。

為了統一寒山詩的論點，現在分述其特色：

㈠寒山詩是無題的，雖然無題，每首詩都有一個突出的主題，這是與古今詩人不同處。在歷史上，無題詩不是沒有。像〈古詩十九首〉，便沒有題目，那是一些無名氏之作。而且屬初期的作品，復次唐代咸通中道士呂巖（呂洞賓）有詩四卷，收入《全唐詩》，也有無題的詩，達一六一首，其中五言四十八首，七言一一三首，占呂巖全詩近三分之二，與寒山子不同處，寒山詩全部無題。

㈡寒山子詩的類型，從三言、五言、七言製作分析，達九種之多，這證明寒山子的性情有似莊周，寫詩的態度有似李白，因為寒山詩有太多的不調平仄，律詩不工不偶，體裁的任意運用，詩律拘束不了他，音律到他手裏，成了他的工具，採廢全憑意志。所以他說：「客難寒山子，君詩無道理。」為了他的詩「不合典雅」，他整整寫了六首詩，來表明他這種自由的態度，脫離「詩匠」的腐迂，只有「遇到明眼人」，才能流傳天下。

㈢是題材的廣泛，與意境的「空靈」。王梵志留下的詩，屈指可數，且語言枯淡，沒有餘味，主題限制在極窄狹的勸世上。除此，沒有再廣闊的伸縮，他的特色，只是「白話」。寒山子則不同。寒山子也許師從了梵志的「白話路線」，可是寫作的題裁，在生活領域內所見所觸，無所不為，大至人生問題，小及楊花蟲蟻，筆下皆生氣無限，使王梵志的詩風，得到空前的開展，成為詩中「隱逸派」（與王維自又不同），或「口語派」。而且寒山的意境，遠非梵志可比，寫「生死問題」、「眾生形象」、「人生哀愁」、「佛家本體」，都有出世絕俗的高超格調，謝絕人間煙火，絕非世間一般詩人可及。

㈣土語注入詩情，得到最高的效果。如「去來」、「啀喍」、「鞅掌」、「獼猴」、「土牛」、「甕牖」、「驢鞦」、「閣老」、「噇」（音ㄔㄨㄤˊ，猛吃）、「破堆」，這些俗詞俗語，一旦入詩，風味奇絕，個性強勁，充滿創造力！因為它俗，才得了永恆的生命。

㈤寒山子詩類似陶潛、王維這一型；但與他們的「文風」又自不同，他們雖名垂千古，詩意高絕；在表現上，寒山的詩是忽而強勁，忽而野俗，忽而細膩，忽而深邃。他與陶、王另一面相似，是他們表達事物的筆觸，全是「寫意」，而不「寫實」；寒山子詩中寫山水、寫故事、寫人物、寫田園，全是潑筆，不去細描；淡淡的幾筆，自有天韻。

㈥寒山詩的開創，尚不只「半格體」、「口語入詩」這兩點。寒山詩的成份，有詩、偈、歌、散文合流的現象。自宋以後流傳在民間，是由「歌」的因素，流傳在佛寺，是「偈」的因素，一部份儒生的欣賞，是詩品自身的自然，飄逸。

同時他的詩思，從整體觀察，幾乎全是「哲理」的表現。而表現方式，又是「野性」的。所以得到二十世紀人類的激賞。恐怕寒山詩予後人真正的影響，也就在這一方面！人們歌唱他充滿生命、充滿個性的詩篇，服膺他幽深高遠、空靈如鏡的詩思！

西方知識份子沉浸在寒山的世界，如果說是採納他的詩作的奇特，不如說是接納他那猶如「美學」般的佛理意境。

最後，值得我們注意的，便是寒山子的人生、環境、性靈之普遍化、一元化，是古今偉大作家共通趨向，像屈原、陶潛、王維、李白、杜甫……一樣。

「寒山」、「寒山道」、「寒山子」，交互地穿插在他的詩裏，成了許多不同的光影，是存在，又是意識，又是絕對；給讀者一條迷徑，也使人不經意地「迷入」。

現在，世界上有許多人，正在，即將，沉醉地「迷入」。

寒山，竟是這樣一個世界。

十、寒山子本事

一　序　曲

公元七〇〇到七二〇年之間，正值中國盛唐初期，國都長安，人口一百萬，落戶千萬家，車水馬龍，歌臺舞榭；說不盡的繁華，道不完的富貴，就連西域人、色目人、突厥人、日本人、高麗人，也有華僑數萬，經營東西貿易，或者為官做宦；而且長安市上酒館林立，教坊無數，夜市如畫，吸引了中原各省無數的巨商、觀光客，和浪子。另一方面，也吸引了中國各地的青年才俊，都奔赴這前途似錦的有唐第一大城，想得個明經、進士，博一官半職，光耀門楣，龍門有路，出將入相，這且不表。

且說，這天下精華的渭河流域，長安近畿，咸陽有一戶半耕半讀的書香門第，在此時誕生了一個歷史上撲朔迷離的嬰兒；由於他的誕生，竟使一千多年後的中國人，遠隔萬里重洋的色目人，也都為他的謎樣的身世；為他「不按牌理出牌」的詩章；為儒、佛、道都想過的思想；還有他自己、他的家、他的「上帝」，都同他攪成一團，理不清，弄不準。

他，變成中國文學史上的無頭公案，變成美國嬉皮的「掛名祖宗」，又被一個有名有姓查不出根來的人物——閭丘胤，派為中國佛教史上不能確定身份、確定形象的文殊菩薩化身。

這位精神世界的大人物，在人事未解的童年、少年、青年期，正值玄宗開元盛世；由於某一種家庭因素，他與他的哥哥同住。也許，由於初唐到盛唐國勢的歷久繁榮與強大，長安國都的歌舞昇平，所以他的青少年期，也沾染了那一時代的幻想。因此他經常地馳獵馬，抱長弓，弄書劍，並享有他那份父兄餘蔭與天賦不羈的自由，活躍在長安市上與渭河平原。

我們根據他的自敘，來證明他那隱約可見的少年身世，由於「文學與生活」的特別關係，我們以「生命第一組曲」來象徵他初期階段的生命歷程。

第一組曲——自敘詩四首

㈠

尋思少年日，遊獵向「平陵」，國使職非願，神仙未足稱；

㈡

聯翩騎白馬，喝兔放蒼鷹，不覺大流落，皤皤誰見矜！

去年春鳥鳴，此時思弟兄；今年秋菊爛，此時思發生；
淥水千場咽，黃雲四面平；哀哉百年內，腸斷憶「咸京」。

㈢

雍容美少年，博覽諸經史；盡號曰先生，皆稱為學士；
未能得官職，不解秉耒耜，冬披破布衫，蓋是書誤己。

㈣

少小帶經鋤，本將兄共居；緣遭他輩責，剩被自妻疎；
拋絕紅塵境，常遊好閱書；誰能借斗水，活取轍中魚。①

二　書判

這位才華橫溢、靈思豪放的詩人，雖然他的青年期，處在安史之亂以前的盛世，他的個人命運，卻並不順利；首先由於家庭親屬之間的誤解，復次，由於功名的不遂，所謂「時來省南院」，「曾經四五選」；「書判全非弱，嫌身不得官」；「昨日何悠悠，場中（考場）可憐許」；「東

①本組曲第一、二兩首「平陵、咸京」，都指的是詩人故鄉，渭河一帶。第三、四兩首，則表出詩人少年時家庭情境與為學際遇。至於出身時代，訂為七〇〇——八二〇年間，可參閱本書第二章。

守文不賞，西征武不動」；學書也學劍，從二十歲到三十歲這個階段，我們的詩人受盡了「考」的折磨，科舉的煎熬，始終不能得第，真是每次回家，都有蘇季子「妻不下絍，嫂不為炊，父母不以為子」之悲嘆！奈何奈何！我們以第二組曲，來代入詩人的失意與乖舛命運！

(一)

箇是何措大，時來省南院；年可三十餘，曾經四五選；
囊裹無青蚨，篋中有黃絹；行到食店前，不敢暫迴面！

(二)

書判全非弱，嫌身不得官！銓曹被拗折，洗垢覓瘡瘢；
必也關天命，今冬更試看；盲兒射雀目，偶中亦非難！

(三)

昨日何悠悠，場中可憐許；上為桃李徑，下作蘭蓀渚；
復有綺羅人，舍中翠毛羽；相逢欲相喚，脈脈不能語。

(四)

一為書劍客，二遇聖明君，東守文不賞，西征武不動；
學文兼學武，學武兼學文，今日既老矣，餘何不足云！②

---

②這第一首的「南院」，是吏部考試放榜之處，所以要時時「省南院」，三十出頭了，考了「四五選」，還是考

三　流落

到此時，詩人悟於人情之澆薄，雖父兄妻子亦不能免，乃油然勘破人生究竟有何出處，他鄉與故鄉，也只是名相上的分別罷了。這一命運浪潮，把他的家庭擊散了，他開始作孤獨的流浪，離親別友，拋妻別子，去尋求新的出路。

在此以前，科名雖然無望，但報國揚名之心仍不泯滅，所以在三十幾歲以後，便越秦嶺，下漢水，走襄陽，過荊州，徘徊揚子江岸，在這一帶闖蕩。也許，中間一度到過山東，做過一段極少時間的小吏，卻又不甘為五斗米雌伏，世情已完全看破，這一時代，隱逸之風很盛，畢竟天台山是一個勝境，孫綽的〈天台山賦〉與劉晨阮肇「誤入天台」神話之流傳，都一直吸引著多少求仙學道的人。

不取，自以為「書判」不弱，豈奈命運何？漫漫的考場，度日如年，這就是「青雲之路」啊！最後學文不「成」，學武呢也不「勳」了！在開元天寶之間，詩人的命運如斯。到公元七五六年安祿山陷長安，第二年九月郭子儀進兵光復，在頹牆廢壁中，進行善後工作，長安總算恢復一部份往日的繁華。詩人在安史之亂中，並未扮演任何角色，他經歷了亂世，目睹了安史之亂的平息，與突厥之寇的和緩。而大唐長安，是終不如前了。於是，功名、人情、離亂的串演，使他在天寶中期已離開了山雨欲來的烽火長安。

於是在四十歲以前，大約三十五六歲的樣子，把去天台的路徑打聽好，借著遊興與歸隱心情，便踏上天台的旅途！

我們以第三組曲，來說明詩人這一次不算太久的流浪。

第三組曲——自敘詩四首

㈠

少年學書劍，叱馭到荊州，聞伐匈奴盡，婆娑無處遊；
歸來翠巖下，席草翫清流，壯士志未騁，獮猴騎土牛。

㈡

憶昔遇逢處，人間逐勝遊，樂山登萬仞，愛水汎千舟，
送客琵琶谷，攜琴鸚鵡洲，焉知松樹下，抱膝冷颼颼！

㈢

元非隱逸士，自號山林人，仕魯蒙幘帛，且愛裹疎巾，
道有巢許操，恥為堯舜臣，獮猴罩帽子，學人避風塵！

㈣

出生三十年，常遊千萬里；行江青草合，入塞紅塵起；
鍊藥空求仙，讀書兼詠史；今日歸寒山，枕流兼洗耳。③

四　鄉愁

在三十五歲以後，詩人選擇了天台作為他生命的歸宿；一則歸隱，一則「學道」；在下面第六組曲第一首詩中，就表現了這種「天台訪道」的情緒，雖然，訪道成仙，不一定是詩人的精神歸宿，但是它足可以解除一個運途多舛的天才的寂寞。

到天台以後，詩人並沒有直奔他後來隱居的「寒巖」，而是在天台縣（即當時的唐興縣）的郊區，擇了一塊稍為人跡少去的山腰，去度他亦隱亦農的生涯，這樣住了一段相當長的時間，由於詩中的連繫脫節太久，據詩作推算三十五六歲初到天台，安定下來，到進入寒巖，大約已經快七十歲了。在這段留下的空白中，在天台郊區，過了三十年左右。

③第一首，證明詩人到過荊州，這首詩混入〈拾得錄〉中，業經作者考證，見前章〈寒山詩補疑〉。第二首的「琵琶谷」在湖北鄖縣，處於漢江邊上，距長江還有一段距離，去荊州很近。「鸚鵡洲」則在漢陽對面的江心。黃祖殺禰衡的地方，為長江中一名勝。第三首詩，有「仕魯蒙幘帛」之句，另有一種版本誤為「未曾蒙幘帛」，錯。按：寒山子詩，凡「五律」不加對偶者甚多。且此句在詩中甚工。可見詩人曾仕過「魯」，但是沒做長久，便掛冠而去。大概從魯去天台了吧！即使「未曾蒙幘帛」，無誤，「仕魯」為誤抄，亦無礙寒山的日後天地。第四首，則證明他三十多歲，開始流浪，走遍大江南北。

到達天台最初幾年，對功名是完全淡泊了。但是對家的懷念，卻越來越深；還有留在故鄉的妻子，分散在各處的兄弟，再加上詩人生長在黃土高原的渭河岸，初到魚米之鄉的浙東，地處暑溼燠熱的南方，益發在氣候上，也感覺不適應，因此，常常借詩酒澆愁，有「魂兮歸去來」的故山之情了。

這第四組曲，表達了詩人初到異鄉歸隱的一段寂寞旅人思鄉、思故人的愁緒。

第四組曲——自敘詩四首

(一)

弟兄同五郡，父子本三州，欲驗飛鳧集，須旌白兔遊；
靈瓜夢裏受，神橘座中收，鄉國何迢遞，同魚寄水流。

(二)

垂柳暗如煙，飛花飄似霰，夫居離婦州，婦住思夫縣，
各在天一涯，何時得相見，寄語明月樓，莫貯雙飛燕！

(三)

昨夜夢還家，見婦機中織，駐梭如有思，擎梭似無力；
呼之迴面視，況復不相識，應是別多年，鬢毛非舊色。

(四)

之子何惶惶，卜居須自審，南方瘴癘多，北地風霜甚；
荒陬不可居，毒川難可飲，魂兮歸去來，食我家園葚！④

五　隱居

不過，天台住得久了，天候與環境也就適應了。雖然是一個貧士，但宗教氣氛頗為濃厚的天台山，道家有歷史上著名的桐柏觀、福聖觀；還有佛家的「國清寺」；都夠解除精神上的空虛。而且，歸隱天台，原也只為「學道」；農耕之暇，也可以跑一跑那些富麗瑰瑋的觀寺，聽一聽道士們鍊丹服食的玄論，而且在這裏，又有了一房妻室，也有了孩子，以伴餘年，男耕女織，享受農家之樂，倒也不寂寞。

這個時候的詩人，除了以較多時間接近道士們——也許是為居舍與道士觀相近——談談玄，說說道；讀一讀《南華》、《老子》；否則，便寫寫詩，這是「陶淵明」的詩酒生涯。

④詩人在第一首詩中，用梁武帝的典故「弟兄同五郡，父子本三州」（見庾信〈哀江南賦〉），來暗示自己的思親之情，這正如白香山的那首〈寄兄弟〉中「田園寥落干戈後，骨肉流離道路中」，有幾分相似。另一方面，在第二、三兩首中，則暗示對結髮妻的懷念，與無可奈何的歉疚。在第四首詩中，完全表現對異鄉的「不可居」，也有點懊悔自己的卜居太匆忙。

我們要交代的是，詩人這幾首詩中所提到的「投輦從賢婦，巾車有孝兒」；「山果攜兒摘，皐田共婦鋤」；「婦搖機軋軋，兒弄口嗢嗢」；……都一再說明夫妻父子的農家生活；我們沒有理由否定他另有所指。這完全是陶淵明式的耕讀圖，因此趙滋蕃就曾指出，詩人到天台又結了一次婚。另一角度，佛家人士則以為寒山子已把他的妻子從故鄉接來了。

這兩種判斷都有可能。其實，如果說那個時候寒山是一個有血有肉的人，他再婚了，在那個時代，並不希奇；如果以後來的寒山子的準繩去量他，當然就有問題。

我個人以為，他的妻子出處，不應該加在他後來的帳上。何況「放下屠刀」，還能「立地成佛」，對多娶一房妻子的苛求，也太淺見了！

我們用第五組曲來證明寒山子隱居為農的美好的圖畫。

第五組曲——自敘詩五首

(一)

琴書須自隨，祿位用何為？投輦從賢婦，巾車有孝兒；
風吹曝麥地，水溢沃魚池，常念鷦鷯鳥，安身在一枝。

(二)

茅棟野人居，門前車馬疎，林幽偏聚鳥，谿闊本藏魚；
山果攜兒摘，皐田共婦鋤，家中何所有，唯有一牀書！

(三)

父母續經多，田園不羨他，婦搖機軋軋，兒弄口喎喎；
拍手摧花舞，搘頤聽鳥歌，誰當來歎賀，樵客屢經過！

(四)

田家避暑月，斗酒共誰歌；雜雜排山果，疎疎圍酒罇；
蘆莦將代席，蕉葉且充盤；醉後搘頤坐，須彌小彈丸！

(五)

偃息深林下，從生是農夫，立身既質直，出語無諂諛；
保我不鑒璧，信君方得珠，焉能同汎灩，極目波上鳧。⑤

六　道情

在這裏，我們必須強調，寒山子老年期特別長，當他七十歲以前，他的妻子也許已經物故，

⑤以上五首詩，每一首都充滿著對生活的滿足與喜愛；也絲毫沒有「寒巖」那種出世的天空海闊情懷。在這裏不是「寒山子」，他是一個無名貧士，一個世間人。在這裏，他有妻、有子、有魚、有酒，是一個典型的隱居詩人。正如唐代每一個隱士一樣。

他的兒子也沒有下落；或許，仍舊在天台山間耕作。而我們的詩人，他的道心與年齡成長增加，由於年輕時嚮往天台，嚮往隱居學道；既到天台，又度過人生的中年和一大部份老年，在天台山，對道家的清淨生活，耳聞目濡，於是才下了決心，找一處真正的「修道」的地方，修仙服食學道。這個地方，便是離開唐興縣西北七十里許的翠屏山，也叫寒巖的深山上，結茅屋，孤獨地修起道來。那是他對道家生活的真正實驗。學道，可以長生不老，可以白日飛昇，可以駐顏有術。但是佛家沒有這套，詩人不是不懂一點佛學，他有概念性的知解，但是沒有深入。

這第六組曲包含的五首詩，足以證明他在三十多歲曾經慕「道」；對天台山的神祕，心嚮往之，而且也已經得到了。

實驗道家生活的結果，並沒有使他滿意。在第四、五兩首詩中，像「練藥空求仙」，「俱好神仙術，延年竟不長」，反映他在短暫的三五年生活中，思想起了極大的轉變。這種轉變，即是以佛家的「苦、空、無我」思想，否定了物質的「長生不老論」。事實上，佛經與《莊子》，他都讀。最後勘破了人生的「無常與無我」；才大踏步地，從「道」這座橋上，走到「佛」這座宮殿裏來。

我們從寒山子三一四首詩中，佛詩與道詩的比較上，可以推論出他的「學道」生涯是一個過程。在短暫的「學道」過程裏，他依然不是「寒山子」，他只是一個「寒山道士」——未出家的道士。他為學道生活，留下十多首詩（按：或許比現在存詩多得多）。這十多首詩裏，還有五六首是「否定論」。

在唐武宗會昌年間（八四一——八四六），被皇帝逼死的天台名道士徐靈府，曾收集過寒山的詩，也許，那本詩集中，有較多的關於「學道」的詩，但是我們現在看不到。（按：這是與閭丘胤作序僧道翹編集的兩種史實不同的版本）

寒山子說，他的詩有六〇〇首。

下面第六組曲五首詩，是從他學道的十三首詩中錄出來的。

第六組曲——五首

(一)

我聞天台山，山中有琪樹，永言欲攀之，莫曉石橋路；
緣此生悲歎，幸居將已慕（按：疑為「暮」字），今日觀鏡中，颯颯鬢垂素！

(二)

家住綠巖下，庭蕪更不芟，新藤垂繚繞，古石豎巉嵒；
山果獮猴摘，池魚白鷺銜，仙書一兩卷，樹下讀喃喃。

(三)

欲得安身處，寒山可長保，微風吹幽松，近聽聲逾好；
下有斑白人，喃喃讀黃老，十年歸不得，忘卻來時道！

(四)

出生三十年，當遊千萬里，行江青草合，入塞紅塵起；
練藥空求仙，讀書兼詠史，今日歸寒山，枕流兼洗耳。

㈤

常聞漢武帝，爰及秦始皇，俱好神仙術，延年竟不長；
金臺既摧折，沙丘遂滅亡，茂陵與驪嶽，今日草茫茫！⑥

七 寒巖

七十歲以後的寒山子，完全擺脫了道士式的生活，詩中不再仰慕修仙學道了。這時，他才和天台山國清寺打起交道來。才和豐干、拾得做朋友。

入佛後的詩人，在寒巖一住三十年，打坐學佛，從世間到出世，徹底地打破了這色身的羈縻，眼界開了，胸襟廣大了，心與佛漸漸地交流，詩境也淨化了，沒有煙火，沒有堆砌，純淨靈明。

⑥本組曲第一、四兩首，道出詩人青年時對天台的嚮往，與道家的追慕。二、三兩首，則完全沉醉在仙經黃老生活裏，到第四首下四句及第五首，已經完全採相反態度，放棄道家生活。也在此時——六十多歲以後，才真正嘗試佛家的法味。由於禪的誘引，佛法的開拓，才有「寒山子」，這個千古不朽的「法、報、化」三身為一的白髮巨人。寒山、寒山子、佛性，是一氣化三清。在詩集中一再地交替出現。

劉大杰評之曰：「高遠空靈」。胡適之為他寫下多頁考據，占了《白話文學史》非常吃重的篇幅，西方學人譯他，讀他，學他披髮、赤足。

像：

吾心似秋月，碧潭清皎潔；無物堪比倫，教我如何說？

又如：

人問寒山道，寒山路不通；夏天冰未釋，日出霧朦朧；
似我何由屆，與君心不同；君心若似我，還得到其中。

這些純樸高遠的詩俯拾皆是。

寒山子，這是真正的「寒山子」。是他的寒巖，是他的肉身，是他的性靈。他常常到國清寺去吃剩飯，找拾得說說瘋話，在樹皮上，石頭上，留留詩句。

終於在寒巖最後那十多年，他披剃出家了。說他痴嗎，他寫道：「憶得二十年，徐步國清歸；國清寺中人，盡道寒山痴……」他說世間人誰又不「痴」？

他又寫道：「一向寒山坐，淹留三十年……今朝對孤影，不覺淚雙懸。」真正是「世間如殘燭，長流似逝川」。因此才有「自從出家後」，「漸得養生趣」的快樂。

在寒巖，他的肉身生命，延長到一百多年，經歷有唐一代——從武則天久視元年（七〇〇），遍經睿宗（景雲元年）、玄宗、肅宗、代宗、德宗、順宗、憲宗（元和十年）七朝皇帝。從公元七〇〇——八二〇年（按：核實應該是七一〇到八一五年）。比吳道子的壽命要長十多年，比起趙州從諗禪師，相去無幾（按：趙州一百二十歲）。在禪宗公案上提到趙州曾到過天台國清寺，同寒山子印過真面目，我們可真值得相信。趙州禪師，也正經歷了這一時代呀！

最後第七組曲，六首詩，按時間次序排列。你可相信詩人有人間最長的壽命，留下歷史上最高超的詩篇。

雖然他的時代令人費解，他的身世迷離撲朔，他詩集的作者，故作玄虛；又何損於詩人本身的「菩薩」境界呢！

現在，我們稱道寒山是「文殊菩薩」的化身，不是正合其身份嘛！他在千年之後，不僅用文字「般若」度了我們，也度了若干西方人！

第七組曲——自敘詩六首

㈠

一自遯寒山，養命餐山果，平生何所憂，此世隨緣過；
日月如逝川，光陰石中火，任你天地移，我暢巖中坐！

㈡

憶得二十年，徐步國清歸；國清寺中人，盡道寒山痴；
痴人何用疑，疑不解尋思；我尚自不識，是伊爭得知；

低頭不用問，問得復何為；有人來罵我，分明了了知；
雖然不應對，卻是得便宜！

㈢

一向寒山坐，淹留三十年，昨來訪親友，太半入黃泉；
漸減如残燭，長流似逝川，今朝對孤影，不覺淚雙懸！

㈣

自從出家後，漸得養生趣，伸縮四肢全，勤聽六根具；
褐衣隨春冬，糲食供朝暮，今日懇懇修，願與佛相遇。

㈤

昔日經行處，今復七十年，故人無來往，埋在古塚間；
余今頭已白，猶守片雲山，為報後來子，何不讀古言？

㈥

老病残年百有餘，面黃頭白好山居，布裘擁質隨緣過，豈羨人間巧樣模；
心神用盡為名利，百種貪婪進己軀，浮生幻化如燈燼，塚內埋身是有無！⑦

⑦從上列六首詩的系列，可以逐步推出詩人住世的年齡，和他在寒巖的隱居，純屬老年時代，與初到天台時的農耕生活完全不合。到寒巖，是先學道，後入佛。在寒巖隱居，從詩中「昔日經行處（指初到天台舊居），

八 餘音

個人整理《寒山子詩集》，分類比較，重新編組，選出本事詩八十九首，及黃老詩十三首（見〈附錄：寒山詩重組並註〉），根據文學與生活的關係，生活與心理的連鎖，透過文字反映作者的思想、情感、苦悶、願望。我們就由這些本事詩中概略推考寒山子的一生行程，雖然略嫌粗疏，除此則別無更好的方法。

屈原有他的貶謫啣恨流放生活，才寫出他的〈離騷〉、〈天問〉。陶淵明有了「不為五斗米折腰」的高潔理想，與「採菊東籬下，悠然見南山」的超然之境，加之結舍廬山，才寫得出他的「田園、飲酒」的詩篇。

沒有生活，則沒有文學。這是古今中外文學生命鐵則。為文造情，是造不出「好情」來的！

今復七十年（指當下在寒巖回憶）」，可推算，幾達四十年。在最後一首詩中「老病殘年百有餘，面黃頭白好山居」，足證詩人已超過一百歲。詩人最後離開世間，在詩序中所謂「胤乃歸郡……特送供養時，二人更不返寺，乃就巖送上，而見寒山子，乃高聲唱曰：『賊！賊！』退入巖穴，乃云：『報汝諸人，各各努力』，入穴而去。其穴自合，莫可追之。……」像這種結局，實無法令人甘服。這一篇序，是寒山子隱沒的惟一「權威」。不過，由詩的內證、姚廣孝說、釋志常說、徐凝詩，綜合證明，舊說已難成立。

我們把寒山子當「人」來研究，把他的本事詩當「詩」來研究，而不採「偈子」方式。

如果把寒山子每一首詩，都代入「公案」，無疑地，寒山子變成了文字禪的工具。

寒山子其人其詩，之所以「空靈高遠」，正在於他由人到佛，由寒山到「寒山」的心路歷程！

十一、寒山子象贊

一

寒山子，是中國歷史上一位最神祕、最奇特的人物；他的身份不明，而邏輯汗漫，有如老聃；他高蹈放曠，情感恣肆，有如莊生；他沉厚、友愛、謙恕，有如孔子；他純一、自然、放任，有如陶潛；他深邃、奇譎、浩瀚，有如釋迦。他一身兼備儒生、道情、詩人、高僧的氣質，事實上，他是中國文化透過——孔孟的鋼筋，老莊的水泥、沙，釋迦的水，結合而成的——堅實的巨型。

然而，千百年來，沒人了解他，他的周遭迷漫著重重煙霧，而始作俑者，是署名閭丘胤的那位台州刺史。他過份垂愛這位寒巖老貧士，使「寒山子」一詞，成為歷史家筆下的千補百衲衣，詩人靈感裏的花和霧。

他是隱士。他是風漢。他是道士。他是詩人。也是高僧。他，是中國文化血液裏的矛盾。他隱姓埋名，埋到了底，卻愁煞了許多鑽研故紙的白頭人。

寒山子，有一首詩云：

迴聳霄漢外，雲裏路岧嶤，瀑布千丈流，如鋪練一條，
下有棲心窟，橫安定命橋；雄雄鎮世界，天台名獨超！

我們看到他為自已動筆的「抽象畫」，就該明白，他「天上天下，唯我獨超」，他已棄絕名相生活，還要求死後哀榮與身後浮名嗎？

現在西方人拿來供養他，我們也隨潮流為他裝裝金；可是也有人說他是野狐禪。

在我看，寒山子，就是一座山，一灣水。你怎麼看，他都是：山是山，水是水。他環繞著你，你瞻望著他。遠近東西，水遠山長。

我們不能了解，永遠不能了解他。他的身世，他的情境，他的深厚。

因為什麼？因為我們沒有天地的心胸，所以便不能以分析法去了解宇宙之人。姑不論你是誰，讚也罷，貶也罷，你的投筆處，均不足為準。你為他裝金、添美，你懷疑他是唐人詩家的戲筆，甚或認為他是自我幻化的玩世客，這都不是定論。

正所謂——

時人尋雲路，雲路杳無蹤；山高多險峻，澗闊少玲瓏；

碧嶂前兼後，白雲西復東；欲知雲路處，雲路在虛空。（附錄第四十五首）

寒山的塑像，已由我們歷史為他造好，他的定論，亦由他自身完成。

二

我們留心細索歷史人物，奇特的是，似乎很難找到與寒山子這種同類型的獨步千古之士。他令人迷惘的是，很難屬於任何時代，不是歷史斷面的產物，而是全歷史的，全中國的，是許許多多的瀑流匯集成的一個深淵。屈原。慧能。寒山。

寒山的詩，令人讀起來，品嘗其造境，不由得感受到一種巍峨、崇高、深邃、單一而遙遠的力量。

他的詩境是純一的——

他的詩裏，沒有酒，沒有花，沒有月，沒有女人；他的詩，沒有閒情的酬答，沒有自我傷感的哀愁——這些，在古人詩裏極難尋覓。詩境之單一、聖潔，幾無倫類可比。

他的詩，也就是他這個人。通過民歌口語的製作，令人反省人生，反悟經驗，覺悟世相。深入自己的靈魂。

所謂「為道日損，為學日益」，寒山子是一個純修道人，他的詩不離他的生活，也反映他的生命；修道人沒有吟花弄月之呫嗶語，也無世俗情感供驅遣，以他的詩質純淨，是隱逸詩的最高升騰。

他的詩，令人清涼、喜悅、樂觀、堅定、自信、獨立、寬厚、純一而卓然不群。

世間最難達到的境界，是生活的單純、思想的淨潔、境界的昇華，而寒山子其人其詩，都兼備了這些。

寒山詩云：

自樂平生道，煙蘿石洞間；野情多放曠，長伴白雲閑；
有路不通世，無心孰可攀；石牀孤夜坐，圓月上寒山！

這是如何地「光風霽月」的明媚世界？這是如何地獨占大千世界的「本地風光」？

一位歷史上最偉大的無名氏，最偉大的隱者，最單一的修道士，為自己意願只寫自己的詩人，恐怕世界永遠無法照出他的真容了。到今天為止，我們這些血肉凡夫，所刻劃的，只是他的音容笑貌罷了。

他為中國文化提供一種超脫物象、獨立不屈、振衣千仞崗、濯足萬里流的歷史形象；他在中國人心裏活了一千年，在窮鄉僻壤，村夫村婦的生活裏，在知識份子的書屋裏，在佛家的禪堂裏，表演著上蒼賜予人類喜劇的角色；讓人們覺得生命的根源，不在今生滅絕；如今，他再通過他的詩，走向西方人的殿堂，為黃髮碧眼兒所傾倒，所膜拜，這已非寒山子的詩境力量，也非寒山子的宗教力量；而是中國文化的卓越精神，被接受，被瞻仰，被珍視。

千餘年來，人們對寒山子有一種親切的情感，超過了一切上層代表作家；因為他的詩情容納著形形色色的眾生相，他的詩帶著一種令人不老的滿足與天真，一種逍遙物外的仙情與佛意。

由於寒山子說服力量以及情境的深度與廣度，汪洋恣肆，令人如泅海域，如登絕峰，所以能為東西方世界共同皈投。

自寒山子以後的知識份子，論情境如果沒有寒巖之幽邃，論廣度如無寒山之汪洋，任何加之於他的褒貶，只可供給我們常識上的了解，而不能給我們以尺度的深入。

深入寒山子，必須有寒山等深的境界，此所以西方懾服於寒山的基本因素。佛家的親證境界，是碧眼兒所見於寒山的第一遭。

天下蒼生，形體有異，理性俱同；惟在天之盡頭，大地之末端，才有「落霞與孤鶩齊飛，秋水共長天一色」的壯麗景象。

三

寒山子，發端於孔孟，出入老莊，終極於釋迦；中國中古精神，到寒山子，走上一帶脊峰。

現在文明的脈搏，又把他帶出古老的中國，走入另一文化模式的基督教世界。於是，寒山子，已不純屬於中國的，已將逐漸地滲透大地的心胸。

而寒山子，他絕非佛家的，禪宗的；他代替佛家賅括了人類心象世界。超越空間，無遠而弗屆。

在「出世」這一點上，到今天很難為一般「知識份子」接受，這好像對活人一項權利的否定。嚴格地說：「出世」的行為，在冥冥中已涵蓋了積極地「入世」。「出世」並非任何凡夫俗子所能為：這是一種徹底的犧牲，徹底的燭照人生，徹底的消滅自我下級根性的磨練。這一行為即是把人生嵌在明鏡裏，去從事生死的領悟。是哲學家、宗教家最終要解決的課題，同時，脫開生死瀑流，是眾生共同的、追求永恆的歸向；人類無意識地對它迴避，實在令人不解。器物的世界，究竟是有限的；只有「出世」才是無限。以「有限」涵蓋「無限」，在邏輯上不能獲得結論。

寒山子的有形生命，與他的時代完全隔絕，他的隱逸生活，與當代人事隔絕，都表現在他的詩上；只有第三者——閭丘胤，拾得附錄，才越俎代庖，為之發言；就學術觀點言：深感有一點「佛頭著糞」；其實，即使寒山子想活埋到底，是埋不成的。徐靈府的詩序，才是第一手資料，可惜已與歷史同湮滅，在〈天台山記〉裏，徐靈府的詩裏，亦無法覓得寒山蹤跡。

寒山子孤立在時空的圈外，也擺脫了文字給他的困縛。這是他的隱逸主義，與高超的雲履，使他走出塵世。

他的棲隱處——寒巖，就是他的心靈宇宙；宇宙，即是他的蝸居寒巖。在某一意義上言，他是超越的上帝，是同等的釋迦。是中國文化從中古開始形成的——一種有別於「漢儒定於一尊」的三色文采造型。中國知識份子的正面素質，就是這樣：是儒生的自負，老莊的自然，與釋家的深沉。

不爭一時一地，只爭千秋萬世；不僅愛自己，亦復愛眾生；世界既不為一人一物而存在，一人一物亦無權爭取上蒼的專愛。

寒山，沒有中國塵俗屍餘之氣。因為他已不是塵世之人。中國知識份子的負面——怨氣、鄉氣、臭氣、迂氣、流氣，他的詩裏，不見毫末，他的詩純得像淨水。

寒山詩云：

登陟寒山道，寒山路不窮；谿長石磊磊，澗闊草濛濛；
苔滑非關雨，松鳴不假風；誰能超世累，共坐白雲中。（附錄第二十八首）

何以長惆悵，人生似朝菌，那堪數十年，親舊凋落盡；
以此思自哀，哀情不可忍；奈何當奈何，託體歸山引。（附錄第六十五首）

寒山子覺得，必須「出世」，必須「歸隱」，才能超越世界；這種「出世」、「歸隱」，絕不是孟浩然式的以退為進；是身出世，心也出世；身歸隱，心也歸隱。人生最大問題，是生死問題，可是生死不能逃避；生死只能透過認識而覺悟，透過智慧以解脫；真能領悟生死的奧義，才能莊嚴自己的生命。

人能領悟生死問題，所產生的感受，便是覺得此間的文明、科學、人我、權能、……全是塵土，只有自我性靈的超越，才是充滿宇宙之人。

寒山子透過文學，把我們帶入這一境界，把西方人也帶一些進來。

中國千百年來，從士大夫到鄉夫村婦，喜愛寒山子，是基於宗教的情緒，是基於詩情的普遍深入；今天，靠他的詩篇，給中國以外的眾生，介入中國文化的特有感染力，不僅是他的詩境靈明高遠；又由於他的素質純一聖潔，而獲得了今天詩人兼具哲人的地位，甚至與李白、杜甫的偉大，全不相同。他成為整個人類學習的樣範；人們，雖不必全然服膺他的隱居生活，也不一定局限於他的宗教，但他的偉大原則，已夠人類去高山仰止了。

寒山子的詩，絕不是文字禪，寒山子也不是風漢；寒山子人格系統沒有矛盾，不像日本學者津田與入矢義高的懷疑——寒山子的生命信度。

行為心理學只能分析凡夫俗子，不足以考驗禪師和老婆心切的聖者。這一點恐怕有些人很難了解。

凡以支離破碎、斷章取義、從詩章分析寒山子人格，都犯了同樣的毛病；地球上的人類沒有資格用尺碼去計算宇宙的容量。

寒山子就是寒山子。

一抹光帶，從一千一百年前發自中國的天台山，走向世界，燭照人類的靈魂！

十二、附錄：寒山詩重組並註

一

純以宗教家觀點看寒山詩，可能寒山詩沒有什麼研究的餘地。寒山詩的功能，是用作「上堂法語」的。寒山詩為佛偈的伸延，它與某一部份佛經一樣，向世人提供一種出世棄俗的態度，與乎悲天憫人的情操。

寒山即文殊菩薩的化身，乃至拾得、豐干，是普賢、彌陀如來的應世。菩薩的詩，一切都是以「渡世」為依歸，無「血肉」的世俗生活存在。

由於此種因素，寒山詩乃與純文學及藝術脫離關係，被關閉於宗教的殿堂，在中國歷史上，一千年來，寒山詩的被埋沒，一方面是中國文化（理學家）排他力量所促成，也是宗教力量的合流。宗教之愛寒山，而予寒山詩一種封固。

對於近年學界將某一部份寒山詩，透過「純文學」觀點及學術性加以註釋，受到佛教界的否定，我認為不必。正如《詩經》受到道學者曲意註釋為象徵性的道德觀一樣，把〈關雎〉篇——那類純粹的表情小詩，解釋為文王與他的妃子的德化一樣，極為可笑！

寒山詩「本事前期」，一再表達了他的少年生活，複印了他年輕時的情感，如果用「菩薩化人」作為搭題，那不是寒山子的本意；嚴格說，寒山子是一個透過血肉之軀的「情感人」，然後經歷一番離亂生活的折磨，乃至遍歷中國各家思想的浸染，最後才歸結到肥美的佛學田土上來，是一種合理的人生過程，我們毋庸一味咬死他身上沒有一顆世俗的細胞。

否定寒山子的世俗生活，亦即等於摒棄寒山於學術與文學的大門之外，對佛家本身是一種束縛！因此，我認為擴大研究「寒山時代」，討論「寒山思想」，分析「寒山詩的文學價值」，不僅有助於中國文化世界化，且有助於佛學領域之擴大！說寒山子有一個浪漫的少年時代，和一段拋妻別子的生涯，對寒巖時期的寒山子來說，是沒有絲毫損害；對寒山子的「菩薩身份」亦無問題。

今天的寒山，已非「中國的寒山」。寒山子是世界人的寒山子。不管從學術觀點與宗教觀點言，寒山子之成為世界峰頂上的白髮巨人，半瘋半癲，迎風傲笑，都足以令人興奮！

二

基於上述因素，在本文中，我向讀者提供了寒山詩的分類研究，並加以簡要的注釋。這種工作對學術研究的貢獻也許不及「閱讀上」的方便之功效來得顯著。——又由於這種微乎其微的學術末技，尚無人提供，且寒山詩被知識份子普遍欣賞的程度，還沒有達到寒山所說：「家有寒山詩，勝汝看經卷，書放屏風上，時時看一遍」——像《唐詩三百首》那樣，成為人類精神食糧。我覺得是因為讀者接受的能力沒有到達這一水平。因此，予寒山詩以分類與冷詞僻字的注釋，對詩學稍為隔膜的人，均成為必要。不過，好在人類都是「有情」，對寒山的欣賞，去照他們各自心靈感受狀態去領受吧，在本文中，不再討論。

本文所包含的部份，是經我近年研究的寒山詩三一四首。其中宋釋志南〈三隱記〉一首七言，他本不收，今予補入第三輯諷勸詩中，與拾得詩語意相同的十二首，選其中一首與寒山少年生活有直接關係的，列入「本事前期」。其他十一首，暫不賅括。另一首，曾被延沼禪師的《風穴語錄》收為「上堂法語」，也一併列入。

這三一四首詩，非絕對性地，概分為四輯，由七個分題領屬。

第一輯是「自敘詩」。自敘詩再分為「本事前期」、「本事後期」。前期純為寒山子內心對往事的追訴。後期則為歸隱寒巖之後，山居逸品。

第二輯是「黃老詩」，只有十三首。依內容，它僅是「自敘詩」的延續，但是為確定寒山子的思想變遷情形，故專列一目，以便檢閱。又由於目前文壇已發表的討論寒山詩的作品，對寒山其人，概云「亦儒亦道亦佛」，「非儒非道非佛」，故寒山詩未能列入中國各大家之林，引之為論，這不是深入的看法。我們由這十三首詩，可提供寒山思想一個完整概念。（按：前章〈寒山子之道〉，曾予討論）

第三輯是「學佛詩」，分為三部份。

㈠表悟境的——表自性的境界。

㈡表體理的——表佛理的譬喻。

㈢表諷勸的——表對世俗的刺勸。

第四輯是「雜詩」。雜詩的形式不一。

復次，又依個人觀點選出「純詩」，計一三四首，在詩的本質上，這些詩，剛好與佛偈式的「勸世詩」相反，正如時人所云，它們賴勸世詩，才得以保留詩的生命。不過，我們並非說勸世詩中絕對沒有一首好詩，僅僅份量較少罷了。

三

近來在坊間，發現美國漢學家華特生 (Burton Watson) 譯《寒山詩一百首》，也一併在文中註記，美國詩人史奈德 (Gary Snyder)、魏雷 (Arthur Waley)，均譯過寒山詩，他們本人，也都是美國當代的名家，他們譯寒山詩的動機自不可等閒視之，至於 Hippies 與寒山的「關係」，坊間已有專書討論。

我們由華特生英譯寒山詩的「分佈情形」，亦可見美國人接受寒山的心理傾向。寒山思想的世界化（不僅他的詩），恐怕要期待「碧眼胡」來為之宏揚了！

華特生譯寒山詩，純為五言。三言、七言、五言長詩，全未採用，我想是由於譯文的困難。五言短句及五言八句，押韻方便，譯來較為順手之故。因此，我們不能過份苛求。這已經足夠代表現代的美國人如何地喜愛寒山了。

四

甲、自敘詩

㈠本事前期——儒生期

1. 少小帶經鋤，本將兄共居；緣遭他輩責，剩被自妻疎；抛絕紅塵境，常遊好閱書；誰能借斗水，活取轍中魚。***

2. 雍容美少年，博覽諸經史；盡號曰先生，皆稱為學士；未能得官職，不解秉耒耜；冬披破布衫，蓋是書誤己。***

3. *弟兄同五郡，父子本三州①，欲驗飛梟②集，須旌白兔③遊；

①弟兄同五郡，父子本三州：見庾信〈哀江南賦〉：「五郡則兄弟相悲，三州則父子離別。」言梁武帝父子兄弟分離。五郡，即湘東王蕭繹，邵陵王蕭綸，武陵王蕭紀，廬陵王蕭續，南康王蕭績，五人均為梁武之子，互為兄弟。三州，按：湘東為荊州，武陵為益州，邵陵在潁州，三人與武帝為父子。今詩中引喻，骨肉離散也。

②飛梟：《荊楚歲時記》云：「競渡者治其舟使輕便，謂之飛鳧。又名水車，亦名水馬。」鳧，水鳥也，即

4.

靈瓜④夢裏受，神橘⑤座中收，鄉國何迢遞，同魚寄水流。

*琴書須自隨，祿位用何為？投輦從賢婦，巾車有孝兒；

俗稱野鴨。古引為舟名。

③白兔：月之代名。方干〈苦寒〉詩云：「白兔沒已久，晨雞僵未知。」古以白兔為瑞物，《宋史・律曆志》云：「封禪之時，魯郊獲白兔，鄆上得金龜壻，皆金符之至驗也！」又喻「棄婦」故事。見竇玄本事。玄狀貌絕異，天子使出其妻，妻以公主，其妻悲怨寄書，及歌與玄，時人憐而傳之，亦曰艷歌。《古詩紀》云：「煢煢白兔，東走西顧，衣不如新，人不如舊。」今寒山詩借喻為「團聚」之意。

④靈瓜：《漢武內傳》，西王母曰：「造朱炎山陵，靈瓜味甚好，憶此未久，而七千歲矣。」《拾遺記》云：「明帝陰貴人夢食瓜甚美，帝使求諸方國，時敦煌獻異種瓜，父老云：昔道士從蓬萊山得此瓜，云是崆峒靈瓜，四劫一實，西王母遺於此地，世代遐絕，其實頗佳。后云：王公之瓜可得食，吾萬歲矣！」劉孝威文：「王吉七挑靈瓜仙棗，莫不氣馥上天，薰流下界。」丘處士詩：「靈瓜素椹非凡物，赤縣何人購得嚐！」此間引喻「韶華易逝」無靈瓜可延年，何堪鄉愁耳？

⑤神橘：江淹〈齊太祖誄〉曰：越賤甲椒，楚輟靈橘。元結〈橘井〉詩云：「靈橘無根井有泉，世間如夢一千年。」此亦引喻人生如夢。另說：《三國志・吳書・陸績傳》：績年六歲，於九江見袁術，術出橘，績懷三枚去，拜辭墜地，術謂：「陸郎作賓客而懷橘乎？」績跪答曰：「欲遺母。」而術奇之。唐駱賓王詩曰：「茹茶空有歎，懷橘獨傷人。」神橘，即靈橘也。另說則喻思親之情切。

5\. 風吹曝麥地，水溢沃魚池，常念鷦鷯鳥，安身在一枝⑥。

*茅棟野人居，門前車馬疎，林幽偏聚鳥，谿闊本藏魚；
山果攜兒摘，皐田共婦鋤，家中何所有，唯有一牀書！***

6\. *父母續⑦經多，田園不羨他，婦搖機軋軋，兒弄口喎喎；
拍手摧花舞，搘⑧頤聽鳥歌，誰當來歎賀，樵客屢經過！

7\. *垂柳暗如煙，飛花飄似霰⑨，夫居離婦州，婦住思夫縣，
各在天一涯，何時得相見，寄語明月樓，莫貯雙飛燕。

---

⑥常念鷦鷯鳥，安身在一枝：《莊子．逍遙遊》篇有云：「鷦鷯巢於深林，不過一枝；偃鼠飲河，不過滿腹。」此借喻對當時生活之滿足感。鷦鷯，禽名，又名「巧婦」、「桃雀」，巢在林間或樹穴中，長約三寸，背羽赤褐色，背下至尾有黑褐斑，尾短微上翹。

⑦續：義為「傳」，傳續也。

⑧搘：音ㄓ，同「支」，搘持也。

⑨霰：音ㄒㄧㄢˋ，是落雪之前，下的似粒狀般結晶物，冰狀。此間應作「雪」解。

8.
*白雲高嵯峨，淥水蕩潭波，此處聞漁父，時時鼓棹歌，
聲聲不可聽，令我愁思多，誰謂雀無角，其如穿屋何⑩。***

9.
*昨夜夢還家，見婦機中織，駐梭如有思，擎梭似無力；
呼之迴面視，況復不相識，應是別多年，鬢毛非舊色。***

10.
*昨日何悠悠，場中可憐許；上為桃李徑⑪，下作蘭蓀渚⑫；

⑩誰謂雀無角，其如穿屋何：借引喻思鄉之切。語見《詩經．召南．行露》篇：「誰謂雀無角，何以穿我屋？誰謂女無家，何以速我獄？」「角」者，喙也，雀有「角」可為巢，遊子胡不歸乎？

⑪桃李徑：《詩經．召南》云：「何彼穠矣，華如桃李。」一、初喻兄弟，所謂桃傷李仆。二、次喻生徒，所謂桃李滿門。劉禹錫詩云：「一日聲名偏天下，滿城桃李屬春官。」李白詩：「開花早必落，桃李不如松。」三、喻德美，所謂：「桃李華實，招人爭趨，樹下成蹊，人自歸服。」阮籍詩：「視彼桃李徑，誰能久熒之。」詩中似寫「闈場」後之心理，故桃李應作「門牆天下」之預期。

⑫蘭蓀渚：蘭蓀，香草名，乃「白菖蒲」。沈約〈酬謝朓臥疾〉詩云：「昔賢侔時雨，今守馥蘭蓀。」喻美質懿行。又喻兒孫之賢美。詩亦引作一種功名福祿之預期。

復有綺羅人，舍中翠毛羽⑬；相逢欲相喚，脈脈不能語！

11.

*相喚採芙蓉，可憐清江裏，游戲不覺暮，屢見狂風起；
浪捧鴛鴦兒，波搖鸂鶒子⑭，此時居舟楫，浩蕩情無已！＊＊＊

12.

*止宿鴛鴦鳥，一雄兼一雌，銜花相共食，刷羽每相隨，
戲入煙霄裏，宿歸沙岸湄，自憐生處樂，不奪鳳凰池！

13.

*白鶴銜苦桃⑮，千里作一息；欲往蓬萊山，將此充糧食；
未達毛摧落，離群心慘惻；卻歸舊來巢，妻子不相識！＊＊＊

14.

---

⑬翠毛羽：乃女人之服飾。此間與上句「綺羅人」同意。

⑭鸂鶒子：水鳥，較鴛鴦大，身有彩色，俗稱野鴛鴦。鸂鶒，音ㄑㄧ ㄔˋ。

⑮白鶴銜苦桃：《易林》云：「白鶴銜珠，夜室反明；今白鶴銜苦桃，其反矣！」此間喻明珠入土，人落窮途，落魄之概。《楚辭．七諫》云：「斬伐橘柚兮列樹苦桃。」王逸注：苦桃惡木也。《本草綱目》云：「羊桃味苦，如苦杏之類，亦云：苦桃。」

*箇是何措大，時來省南院⑯；年可三十餘，曾經四五選。
囊裏無青蚨⑰，篋中有黃絹；行到食店前，不敢暫迴面！

15.

*田家避暑月，斗酒共誰歡；雜雜排山果，踈踈圍酒罇；
蘆莦⑱將代席，蕉葉且充盤；醉後搘頤坐，須彌⑲小彈丸！***

---

⑯南院：唐代吏部用官放榜之所在。李肇《國史補》說：「自開元二十二年吏部置南院，始懸長名，以定留放。」宋王溥的《唐會要》也說：「開元二十八年（按：此二說相差六年，存疑），以考功貢院地，署吏部南院，以置選人文書，或謂之『選院』。」唐代取士，先由禮部透過一般的「資格」考試，然後由吏部進行「用人」考試。由南院放榜。故唐代文人，多由南院放榜，定留放。

⑰青蚨：一名魚伯，似蟬而大，如蠶。《淮南子》云：「以其子母各等數，置瓮中，埋東行陰垣下，三日後開，即相從。以母血塗八十一錢，子血塗八十一錢，以其錢更互市，置子用母，置母用子，錢皆自還。」世謂錢曰「青蚨」，本此。

⑱蘆莦：即蘆草，蘆葦。莦同「蕭」，為一種藥草。《本草綱目》云：蘆根，甘和胃，寒降火，治嘔穢反胃，煩熱，止小便數。蘆筍解魚蟹毒。按：蘆，長水邊，為一種賤草，開白花如絮，莖中空，如竹。蘆亦可作蓆子。

⑲須彌：中譯「妙高」。佛說華嚴世界中，有山名「須彌」，為一小世界之中心。其周有九山八海，此山入水八萬由旬，出水面八萬由旬，其頂為帝釋天所居。其半腹為四天王居所，周圍有七香海，七金山，第七金

16. 書判⑳全非弱，嫌身不得官！銓曹被拗折㉑，洗垢覓瘡瘢；必也關天命，今冬更試看；盲兒射雀目，偶中亦非難！＊＊＊

17. ＊之子何惶惶，卜居須自審，南方瘴癘多，北地風霜甚；荒陬不可居，毒川難可飲，魂兮歸去來，食我家園葚！

18. 一為書劍客，二遇聖明君，東守文不賞，西征武不動㉒；

山外有鹹海，其外圍曰鐵圍山。四大洲在鹹海之四方，人類居住在「南贍部州」，以今日天文學觀之，須彌似為一「太陽系」。

⑳書判：《唐書・選舉志》云：凡選有文武。文選由吏部主之，武選兵部主之；皆為三銓，尚書、侍郎主之。其擇人之法有四：一曰身，體貌豐偉；二曰言，言辭辯正；三曰書，楷法遒美；四曰判，文理優良。四事皆可取，則先德行，德均以才，才均以勞，得者為「留」，不得者為「放」。五品以上不試，上其名中書門下，六品以下，始集而試，觀其「書判」，已試而銓，察其「身言」。由此可知，「書、判」為唐代入官之捷徑。此制初具於貞觀，定規於武則天。馬端臨《文獻通考》據引之。

㉑銓曹被拗折：言「考運不濟」。銓曹，考銓機關。

19. 學文兼學武，學武兼學文，今日既老矣，餘何不足云！***

*少年學書劍，叱馭到荊州，聞伐匈奴盡㉓，婆娑㉔無處遊；
歸來翠巖下，席草翫清流，壯士志未騁，獼猴騎土牛。
（按：本首羼入拾得詩內，詳見〈寒山詩補遺〉章）

20.

*尋思少年日，遊獵向平陵，國使職非願，神仙未足稱；
聯翩騎白馬，喝兔放蒼鷹，不覺大流落，皤皤誰見矜！***

21.

*去年春鳥鳴，此時思弟兄，今年秋菊爛，此時思發生，

㉒二遇聖明君，東守文不賞，西征武不勳：吾友朱紹白夫子謂：「寒山生於武后末年，大約可成定論。」其「二遇聖明君」，殆為睿、玄二宗。其「東守文不賞」，蓋即「仕魯蒙幘帛」，可能是做縣令，否則無資格用「守」字。「西征武不勳」，或即下首之「叱馭到荊州」，看口氣官不會小於「刺史別駕」，最低是個「長史」，或與這些相當的軍職，否則用「叱馭」一辭便不相稱。

㉓聞伐匈奴盡：大約是指天寶初「突厥大亂，使王忠嗣滅其國」之事。

㉔婆娑：亦云娑婆。乃梵文華音，義為「堪忍」，今引為「世間」之代稱。又：婆娑，盤旋也。如「婆娑起舞」。

22. 淥㉕水千場咽，黃雲㉖四面平，哀哉百年內，腸斷憶咸京。＊＊＊

23. ＊吁嗟貧復病，為人絕友親，甕裏長無飯，甑中屢生塵；蓬庵不免雨，漏榻劣容身，莫怪今憔悴，多愁定損人！＊＊＊

＊六極㉗常嬰㉘困，九維㉙徒自論，有才遺草澤，無藝閉蓬門；日上巖猶暗，煙消谷裏昏，其中長者子，個個揔無裩㉚。

㉕淥：亦作綠。

㉖黃雲：形容邊地征戰之景象，黃沙滾滾，征人寂寂。此喻離亂。《全唐詩》馬戴（會昌四年進士）〈塞下曲〉有：「風折旗竿曲，沙埋樹杪平；黃雲飛旦夕，偏奏苦寒聲。」又〈贈淮南將〉云：「度磧黃雲起，防秋白髮生。」

㉗六極：所謂六極，乃「疾、憂、貧、惡、弱、凶短折」六者，皆不吉之事。另云天地六合，亦稱「六極」。此以前者為當。

㉘嬰：動詞，加也。〈賈誼傳〉有：「嬰以廉恥」。

㉙九維：亦即「九德」。《尚書》謂人性行有九：「忠、信、敬、剛、柔、和、固、員、順」等為九德。釋九德義頗多，不一一列舉。

㉚裩：音ㄎㄨㄣ，有襠的褲，今通作褌。

24.
*聞道愁難遣，斯言謂不真，昨朝會趂㉛卻，今日又纏身；
月盡愁難盡，年新愁更新，誰知席帽下，元是昔愁人。

(二)本事後期——寒巖期

25.
*一自遯寒山，養命餐山果，平生何所憂，此世隨緣過；
日月如逝川，光陰石中火，任你天地移，我暢巖中坐！＊＊＊

26.
*重巖我卜居，鳥道絕人迹，庭際何所有，白雲抱幽石；
住茲凡幾年，屢見春冬易，寄語鍾鼎家，虛名定無益。

27.
*卜擇幽居地，天台更莫言，猨啼谿霧冷，嶽色草門連；
折葉覆松室，開池引澗泉，已甘休萬事，采蕨度殘年。＊＊＊

28.
*登陟寒山道，寒山路不窮，谿長石磊磊，澗闊草濛濛；

㉛趂：趁之俗字，動詞，逐也。一云「因利乘便」。此作「逐」釋。

苔滑非關雨，松鳴不假風，誰能超世累，共坐白雲中。***

29. 快搒三翼舟㉜，善乘千里馬，莫能造我家，謂言最幽野；
巖岫深嶂中，雲雷竟日下，自非孔丘公，無能相救者！

30. *千雲萬水間，中有一閑士，白日遊青山，夜歸巖下睡；
倏爾過春秋，寂然無塵累，快哉何所依，靜若秋江水。***

31. 寒巖深更好，無人行此道，白雲高岫閑，青嶂孤猨嘯；
我更何所親，暢志自宜老，形容寒暑遷，心珠㉝甚可保。***

32. *可笑寒山道，而無車馬蹤，聯谿難記曲，疊嶂不知重；
泣露千般草，吟風一樣松，此時迷徑處，形問影何從？***

㉜快搒三翼舟：舟名，分「大翼、中翼、小翼」三翼，多為戰船，喻輕捷快速之舟，為三翼舟。搒，音ㄅㄥˋ，動詞，撐船前進也。謝靈運〈征賦〉有「迅三翼以魚麗，襄兩服以雁逝」之句。

㉝心珠：心最靈貴，故稱「心珠」。

33\. *杳杳寒山道，落落冷澗濱，啾啾常有鳥，寂寂更無人；磧磧風吹面，紛紛雪積身，朝朝不見日，歲歲不知春！

34\. 平野水寬闊，丹丘連四明㉞，仙都最高秀，群峰聳翠屏；遠遠望何極，矹矹㉟勢相迎，獨標海隅外，處處播嘉名。

35\. *欲向東巖去，于今無量年，昨來攀葛上，半路困風煙；徑窄衣難進，苔粘履不前，住茲丹桂下，且枕白雲眠！***

36\. *層層山水秀，煙霞鎖翠微，嵐拂紗巾濕，露霑蓑草衣；足躡遊方履，手執古藤枝，更觀塵世外，夢境復何為？***

37\.

㉞丹丘連四明：丹丘，山名，在浙江寧海縣南九十里，獅山附近。孫綽〈天台山賦〉云：「尋羽人之丹丘，尋不死之福庭。」丹丘為天台之一峰，與四明相亙連。

㉟矹矹：音ㄨˋ ㄨˋ，形容詞，勤勉不息的樣子，同「矻矻」。

寒山棲隱處，絕得雜人過，時逢林內鳥，相共唱山歌；
瑞草聯谿谷，老松枕嵯峩，可觀無事客，憩歇在巖阿！

38. ＊棲遲寒巖下，偏訝最幽奇，攜籃采山茹，挈籠摘果歸；蔬㊱齋敷茅坐，
啜啄食紫芝㊲，清沼濯瓢鉢，雜和煮稠稀，當陽擁裘坐，閑讀古人詩！

39. ＊鳥語情不堪，其時臥草庵，櫻桃紅爍爍，楊柳正毿毿㊳；
旭日銜青嶂，晴雲洗淥潭，誰知出塵俗，馭上寒山南！＊＊＊

40. 偃息深林下，從生是農夫，立身既質直，出語無諂諛；

41. 保我不鑒璧，信君方得珠，焉能同汎灩，極目波上鳧。

㊱蔬：同「蔬」。

㊲紫芝：即靈芝。芝為菌類植物，生於枯死之樹木上，質堅不腐，笠為半圓形，上面黑褐色，有光澤及雲紋，下面粗糙，色白或黃。笠柄亦光澤，如塊漆。詳見《仙鏡》一書，有謂「仙人服紫芝」云。

㊳毿毿：音ㄙㄢ ㄙㄢ，形容詞，毛長的樣子。

隱士遁人間，多向山中眠，青蘿疎麓麓，碧澗響聯聯；
騰騰且安樂，悠悠自清閑，免有染世事，心靜如白蓮。

42.
*磐陁石㊴上坐，谿澗冷凄凄，靜翫偏嘉麗，虛巖蒙霧迷；
怡然憩歇處，日斜樹影低，我自觀心地，蓮花出淤泥！

43.
*自在白雲閑，從來非買山，下危須策杖，上險捉藤攀；
澗底松常翠，谿邊石自斑，友朋雖阻絕，春至鳥喧喧！

44.
有人坐山楹，雲卷兮霞瓔，秉芳兮欲奇，路漫漫難征；
心惆悵狐疑，年老已無成，眾喔咿斯蹇，獨立兮忠貞。

45.
*時人尋雲路，雲路杳無蹤，山高多險峻，澗闊少玲瓏；
碧嶂前兼後，白雲西復東，欲知雲路處，雲路在虛空。***

㊴磐陁石：亦云磐石，喻穩固。如磐石之固。乃巨石而平坦者。東坡〈遊金山寺〉詩有句：「中泠南畔石磐陁，古來出沒隨波濤。」

46.
*憶昔遇逢處，人間逐勝遊，樂山登萬仞，愛水汎千舟；
送客琵琶谷㊵，攜琴鸚鵡洲㊶，焉知松樹下，抱膝冷颼颼！***

47.
*歲去換愁年，春來物色鮮，山花笑淥水，巖岫舞青煙；
蜂蝶自云樂，禽魚更可憐，朋遊情未已，徹曉不能眠！

48.
*獨坐常忽忽，情懷何悠悠，山腰雲縵縵，谷口風颼颼；
猿來樹嫋嫋，鳥入林啾啾，時催鬢颯颯，歲盡老惆惆。***

㊵琵琶谷：《水經注》卷二十八云：漢水東經鄖鄉縣南之西山，上有石蝦蟆，倉卒看之，與真不異。……漢水又東經鄖縣故城南，謂之鄖縣灘。即長利之鄖鄉矣。漢水又東經「琵琶谷」口，梁益二州分境於此，故謂之琵琶界也。由此又東北流，又屈東南，過武當東北（武當為後魏置縣，故城在今均縣北）。按：琵琶谷在今均縣與鄖縣之間。漢水由陝南入鄂，過均縣，走光化，奔襄陽，南流漢陽與長江會合，寒山子青年時，在荊楚地，徜徉不少時日。

㊶鸚鵡洲：地名，在漢陽西南長江中。東漢末，黃祖為江夏太守，祖長子射，大會賓客，有獻鸚鵡者，禰衡作賦，洲以為名。後禰衡為黃祖殺，葬此。鸚鵡洲在江中，歷代時現時沒。因江水蝕積無常故也。

49.
*自見天台頂，孤高出眾群，風搖松竹韻，目覩海潮頻；
下望山青際，談玄有白雲，野情便山水，本志慕道倫。***

50.
*山中何太冷，自古非今年，沓嶂恒凝雪，幽林每吐煙；
草生芒種後，葉落立秋前，此有沈迷客，窺窺不見天！***

51.
*迴聳霄漢外，雲裏路岧嶢，瀑布千丈流，如鋪練一條；
下有棲心窟，橫安定命橋，雄雄鎮世界，天台名獨超！

52.
*憶得二十年，徐步國清歸；國清寺㊷中人，盡道寒山痴；
痴人何用疑，疑不解尋思；我尚自不識，是伊爭得知；
低頭不用問，問得復何為；有人來罵我，分明了了知；
雖然不應對，卻是得便宜！

㊷國清寺：隋開皇十八年智顗大師所建，在天台縣城北十里，天台南峰之陽，舊名天台寺，至大業中始改「國清」。

53. *今日巖前坐，坐久煙雲收，一道清谿冷，千尋碧嶂頭；
白雲朝影靜，明月夜光浮，身上無塵垢，心中那更憂？***

54. *寒山多幽奇，登者皆恒懾，月照水澄澄，風吹草獵獵；
凋梅雪作花，杌木雲充葉，觸雨轉鮮靈，非晴不可涉！***

55. *吾家好隱淪，居處絕囂塵，踐草成三徑，瞻雲作四鄰；
助歌聲有鳥，問法語無人，今日娑婆樹，幾年為一春？

56. 獨臥重巖下，蒸雲晝不消，室中雖暡靉㊸，心裏絕喧囂；
夢去遊金闕㊹，魂歸度石橋㊺，拋除鬧我者，歷歷樹間瓢㊻！***

㊸暡靉：音ㄨㄥˇ ㄞˋ，形容詞，昏暗不明的樣子。

㊹金闕：道書言：天上有黃金闕，面玉京，為天子所居，通以天宮稱之。又天子之宮闕，亦稱金闕。岑參詩曰：「金闕曉鐘開萬戶，玉階仙杖擁千官。」此間則作「天宮」解。

㊺石橋：天台山名勝之一。在天台眾峰中，通天台主峰「華頂」。又《述異記》云：「秦皇作石橋於海上，欲

57. ＊自樂平生道，煙蘿石洞間，野情多放曠，長伴白雲閑；
有路不通世，無心孰可攀，石牀孤夜坐，圓月上寒山！＊＊＊

58. 元非隱逸士，自號山林人，仕魯蒙幘帛，且愛裹疎巾；
道有巢許㊼操，恥為堯舜臣，獼猴罩帽子，學人避風塵！

59. 昨日遊峰頂，下窺千尺崖，臨危一株樹，風擺兩枝開；
雨漂即零落，日曬何塵埃，嗟見此茂秀，今為一聚灰。

過海觀日出處，海神豎柱，始皇感其惠，乃通報於神，求與相見。神云：『我形醜陋，莫圖我形，當與帝會。』始皇乃往石橋入海三十里，與神會。」

㊻樹間瓢：堯時賢士許由，隱居以瓢飲水，挂樹間風吹搖動，去之。喻拋卻一切煩惱也。又：「瓢」，蟲也。一名紅娘，體呈半球形，長二分許。頭小，觸角短，末端為棍棒狀，變種甚多，色有黑有黃，翅鞘有黑斑或黃斑。俗名「花大姐」。春夏日甚多。

㊼巢許：巢，名巢父。許，乃許由。二人均堯時高士，巢父以樹為巢，故名。《漢書・鮑宣傳》云：「堯舜在上，下有巢許。」此二人均不仕。

60. *有一餐霞子，其居諱俗遊，論時實蕭爽，在夏亦如秋；
幽澗常瀝瀝，高松風颼颼，其中半日坐，忘卻百年愁。

61. *一向寒山坐，淹留三十年，昨來訪親友，太半入黃泉；
漸減如殘燭，長流似逝川，今朝對孤影，不覺淚雙懸！＊＊＊

62. *可重是寒山，白雲常自閑，猨啼暢道內，虎嘯出人間；
獨步石可履，孤吟藤好攀，松風清颯颯，鳥語聲喧喧！

63. 寒山唯白雲，寂寂絕埃塵，草座山家有，孤燈明月輪；
石牀臨碧沼，虎鹿每為鄰，自羨幽居樂，長為象外人！

64. 以我棲遲處，幽深難可論，無風蘿自動，不霧竹長昏；
澗水緣誰咽，山雲忽自屯，午時庵內坐，始覺日頭暾。＊＊＊

65. *何以長惆悵，人生似朝菌，那堪數十年，親舊凋落盡；
以此思自哀，哀情不可忍，奈何當奈何，託體歸山引！***

66. *可貴一名山，七寶㊽何能比，松月颼颼冷，雲霞片片起；
㕉㊾匝幾重山，迴還多少里，谿澗靜澄澄，快活無窮已。

67. 自從出家後，漸得養生趣，伸縮四肢全，勤聽六根具；
褐衣隨春冬，糲食供朝暮，今日懇懇修，願與佛相遇。

68. *慣居幽隱處，乍向國清眾，時訪豐干道㊿，仍來看拾公51；

㊽七寶：《佛說無量壽經》云：「七寶者：金、銀、瑠璃、玻璃、珊瑚、瑪瑙、硨磲。」間亦有他說。均指珍貴之物。

㊾㕉：音ㄎㄜˋ，匝也，乃「入聲字」，又寫作㕉，或作壓。形容詞，低下的。此間與匝連用作「圍繞」解。

㊿豐干道：天台縣北，至國清途中，有赤城山，豐干禪師時經行此，故云。

51拾公：即拾得。

獨迴上寒巖，無人話合同⑫，尋究無源水，源窮水不窮。

69.
＊人問寒山道，寒山路不通，夏天冰未釋，日出霧朦朧；
似我何由屆，與君心不同，君心若似我，還得到其中。＊＊＊

70.
＊昔日經行處，今復七十年，故人無來往，埋在古塚間；
余今頭已白，猶守片雲山，為報後來子，何不讀古言？

71.
＊時人見寒山，各謂是風⑬顛，貌不起人目，身唯布裘纏；
我語他不會，他語我不言，為報往來者，可來向寒山！＊＊＊

72.
＊高高峰頂上，四顧極無邊，獨坐無人知，孤月照寒泉；
泉中且無月，月自在青天，吟此一曲歌，歌終不是禪！＊＊＊

---

⑫話合同：談佛法、談禪也。「合同」即是平等無二、無差別。引申義「佛法」也。

⑬風：同「瘋」。

73. *自羡山間樂，逍遙無倚託；逐日養殘軀，閑思無所作；時披古佛書，往往登石閣；下窺千尺崖，上有雲盤泊；寒月冷颼颼，身似孤飛鶴！

74. *粵自居寒山，曾經幾萬載；任運遯林泉，棲遲觀自在；寒巖人不到，白雲常靉靆；細草作臥褥，青天為被蓋；快活枕石頭，天地任變改！

75. *自從到此天台境，經今早度幾冬春，山水不移人自老，見卻多少後生人！

76. 一住寒山萬事休，更無雜念挂心頭，閑書石壁題詩句，任運還同不繫舟！

77. *余家本住在天台，雲路煙深絕客來，千仞巖巒深可遯，萬重谿澗石樓臺；樺巾木屐沿流步，布裘藜杖繞山迴，自覺浮生幻化事，逍遙快樂實善哉！

78. 久住寒山凡幾秋，獨吟歌曲絕無憂，蓬扉不掩常幽寂，泉湧甘漿長自流；石室地鑪砂鼎沸，松黃栢茗乳香甌，饑餐一粒伽陁藥[54]，心地調和倚石頭。

79.
丹丘迴聳與雲齊，空裏五峰遙望低，雁塔高排出青嶂，禪林古殿入虹蜺；
風搖松葉赤城⑤⑤秀，霧吐中巖仙路迷，碧落千山萬仞現，藤蘿相接次連谿。

80.
我家本住在寒山，石巖棲息離煩緣，泯時萬象無痕跡，舒處周流徧大千，
光影騰輝照心地，無有一法當現前，方知摩尼⑤⑥一顆珠，解用無方處處圓。

81.
*雲山疊疊連天碧，路僻林深無客遊，遠望孤蟾⑤⑦明皎皎，近聞群鳥語啾啾，
老夫獨坐棲青嶂，少室閑居任白頭，可歎往年與今日，無心還似水東流！**

---

⑤④伽陁藥：梵文全譯為「阿伽陀藥」。中譯義為「良藥」。《六十華嚴》有云：譬如伽陀藥，消滅一切毒。
⑤⑤赤城：即赤城山，在縣北四里，其山甚紅，晚景奇瑰。晉孫綽有賦詠之。所謂「赤城建標云云」，此山名遂揚。
⑤⑥摩尼：梵文意即「寶珠」，或「如意珠」。據云產於獅子國（今錫蘭），佛經中多借喻為佛性，恐即今之「珍珠」。
⑤⑦孤蟾：即月亮之別稱。俗傳月中有「蟾蜍」，故借月為蟾。《宋史・樂志》云：「殘霧弄影，孤蟾浮天。」

82. *老病殘年百有餘，面黃頭白好山居，布裘擁質隨緣過，豈羨人間巧樣模；心神用盡為名利，百種貪婪進己軀，浮生幻化如燈燼，塚內埋身是有無！

83. *家有寒山詩，勝汝看經卷，書放屏風上，時時看一徧。***

84. *有箇王秀才，笑我詩多失，云不識蜂腰，仍不會鶴膝㊿58；平側不解壓，凡言取次出，我笑你作詩，如盲徒詠日。***

85. *客難寒山子，君詩無道理，吾觀乎古人，貧賤不為恥；應之笑此言，談何疎闊矣，願君似今日，錢是急事爾！***

86.

---

58 云不識蜂腰，仍不會鶴膝：南朝沈約作《韻譜》，定詩格，創四聲八病。所謂八病，即「平頭、上尾、蜂腰、鶴膝、大韻、小韻、旁紐、正紐」。所謂「蜂腰」，即是五言詩中，某句第二字第五字同聲，形成兩頭大，中心細，似蜂腰也。「鶴膝」者，在一首五言詩中，第五字與第十五字同聲，以兩頭細，中間粗，如鶴膝也。嚴滄浪《詩話》云：「八病嚴於沈約，作詩正不必拘此，蔽法不足據也！」

＊下愚讀我詩，不解卻嗤誚，中庸讀我詩，思量云甚要；
上賢讀我詩，把著滿面笑，楊脩見幼婦㊾，一覽便知妙。

87.
滿卷才子詩，溢壺聖人酒，行愛觀牛犢，坐不離左右；
霜露入茅簷，月華明瓮牖㊿，此時吸兩甌，吟詩五百首。

88.
五言五百篇，七字七十九，三字二十一，都來六百首；
一例書巖石，自誇云好手，若能會我詩，真是如來母(61)！

㊾楊脩見幼婦：後漢時楊脩，字祖德，太尉震之元孫，有俊才，為丞相曹操之主簿。《語林》云：脩在江南讀書，曹娥碑背上有八字，曰：「黃絹幼婦，外孫虀臼」，操不解。問脩曰：「卿知否？」脩曰：「知之！」操曰：「且勿言，待吾思之。」行三十里乃得。令脩解。脩曰：「黃絹色絲，絕字。幼婦——少女，妙字。外孫女子，好字。虀臼受辛，辭字。」操曰：「乃覺三十里，吾才不及君！」讀此故事，思寒山詩，可入三昧矣！

㊿瓮牖：瓮，音ㄨㄥˋ，甕本字。古陶製容器，盛酒或穀類。所謂瓮牖，即是將無底瓮嵌入牆，作窗，古時多有，冬天塞以草避寒風。

(61)如來母：如來，亦云「佛母」，亦稱「如來母」。即佛之別稱也。

89.

*有人笑我詩，我詩合典雅，不煩鄭氏箋[62]，豈用毛公解[63]。不恨會人稀，
只為知音寡；若遣趁宮商[64]，余病莫能罷，忽遇明眼人，即自流天下！

[62]鄭氏箋：東漢鄭玄，博通諸史，作《毛詩箋》而不敢云「注」，但云表古人之意，或斷以己意，便可識別也。此喻不必註解也。

[63]毛公解：毛萇，趙國人，亦稱小毛公。舊傳魯國毛亨，稱大毛公，作《詩故訓傳》以授毛萇，萇以授同國貫長卿。據作「詩傳」者，非毛萇，乃毛亨。孔穎達《疏》云：「大毛公為其傳，小毛公而題毛也。」魯、齊、韓三家詩亡久，今所傳之《毛詩》，即〈漢志〉之《毛詩》。《故訓傳》，鄭玄箋，孔穎達疏四十卷。此亦喻寒山詩不必強人解也。

[64]宮商：即宮、商。古之五音，宮、商、角、徵、羽。今代「聲律」解。

乙、黃老詩

90. ＊我聞天台山，山中有琪樹①，永言欲攀之，莫曉石橋路；緣此生悲歎，幸居將已慕，今日觀鏡中，颯颯鬢垂素！

91. 自古如此多，君今爭奈何？可來白雲裏，教爾紫芝歌②！

92. ＊手筆大縱橫，身才極瓌瑋，身為有限身，死作無名鬼；

93. 益者益其精，可名為有益，易者易其形，是名之有易；能益復能易，當得上仙籍，無益復無易，終不免死厄。

①琪樹：玉樹也。謂之挺秀如玉。孫綽〈天台山賦〉云：「建木滅景於千尋，琪樹璀璨而垂珠。」白居易詩曰：「仙人琪樹玉無色，王母桃花小不香。」許渾〈秋思〉詩：「琪樹西風枕簟秋，楚雲湘水憶同遊。」所謂琪樹，琪花瑤草，引申皆為仙界之景。

②紫芝歌：即仙歌。紫芝見頁一八二㊲。

＊家住綠巖下，庭蕪更不芟，新藤垂繚繞，古石豎巉嵒③；
山果獼猴摘，池魚白鷺啣，仙書一兩卷，樹下讀喃喃。＊＊＊

94.
＊欲得安身處，寒山可長保，微風吹幽松，近聽聲逾好；
下有斑白人，喃喃讀黃老④，十年歸不得，忘卻來時道！＊＊＊

95.
竟日常如醉，流年不暫停，埋著蓬蒿下，曉月何冥冥；
骨肉消散盡，魂魄幾凋零，遮莫齩鐵口，無因讀老經⑤。＊＊＊

96.
山客心悄悄，常嗟歲序遷，辛勤采芝朮，披斥詎成仙；
庭廓雲初卷，林明月正圓，不歸何所為，桂樹相留連！＊＊＊

97.

---

③巉嵒：音ㄔㄢˊ 一ㄢˊ，山高而險的樣子。嵒同「巖」。
④黃老：黃，即黃帝，老，指老子。合稱黃老，此云「道經」。
⑤遮莫齩鐵口，無因讀老經：遮莫齩鐵口，引申為「變牛變馬」投胎去了，「不是因為讀黃老經」的緣故嗎？
「牛馬口有咬鐵以為之御。故云。」老經，即老子《道德經》。

人生在塵蒙，恰似盆中蟲，終日行遶遶，不離其盆中；
神仙不可得，煩惱計無窮，歲月如流水，須臾作老翁！***

98. 徒勞說三史⑥，浪自看五經⑦，洎老撿黃籍⑧，依前住白丁；
筮遭連蹇卦，生主虛危星，不及河邊樹，年年一度青。***

99. 有人畏白首，不肯捨朱紱，采藥空求仙，根苗亂挑掘；
數年無效驗，癡意瞋怫鬱，獵師披袈裟，元非汝使物。

100. *出生三十年，當⑨遊千萬里，行江青草合，入塞紅塵起；
鍊藥空求仙，讀書兼詠史，今日歸寒山，枕流兼洗耳。***

---

⑥三史：晉時以《史記》、《漢書》、《東觀漢記》為三史。人多習之，故六朝、初唐人隸事釋書，類多徵引。又唐時多以《史記》、《漢書》、《後漢書》為三史。

⑦五經：指《詩》、《書》、《易》、《禮》、《春秋》而言。

⑧黃籍：指道家經籍。

⑨當：疑為「嘗」字之誤。

101. ＊常聞漢武帝，爰及秦始皇，俱好神仙術，延年竟不長；
金臺⑩既摧折，沙丘⑪遂滅亡，茂陵⑫與驪嶽⑬，今日草茫茫！＊＊＊

102. 昨到雲霞觀，忽見仙尊士；星冠月帔橫，盡云居山水；余問神仙術，云道若為比；
謂言靈無上，妙藥必神秘；守死待鶴來，皆道乘魚去；余乃返窮之，推尋勿道理；

---

⑩金臺：燕昭王曾造金臺納士。又據《漢書．武帝紀》云：元封二年冬，十月行幸雍祠王時，春幸緱氏，遂至東萊，夏四月還祠泰山，至瓠子（隄名），臨決河，命從臣、將軍以下，皆負薪塞河隄，作〈瓠子之歌〉，赦所過徒，賜孤獨高年米，人四石，還作「甘泉通天臺」。顏師古曰：通天臺者，覽此臺高上通於天也。高三十丈，望見長安城。〈郊祀志〉云：長安作飛簾桂館，甘泉作延年益壽館，以位神人，作通天臺，招來神仙。〈封禪書〉作「通天莖臺」。或云「金臺」。按：武帝晚年迷神仙，數度浮海求仙，封禪泰山，造臺尤多。如柏梁臺、通天臺、漸臺、郎臺、武臺等甚多。

⑪沙丘：古地名，今河北萍鄉東北。商紂築沙丘臺，大聚樂戲。秦皇東巡，崩於此。

⑫茂陵：古地名，今陝西興平縣東北。漢初為茂鄉，屬槐里縣，漢武帝葬此，因曰「茂陵」，並置「茂陵邑」，後司馬相如居此。

⑬驪嶽：亦即「驪山」。在陝西臨潼東南，與藍田山相連，亦即麗山，古「驪戎」居此山，因名。周幽王時犬戎入寇，殺王於此山下。秦皇死，即葬此，山下有溫泉，唐明皇置華清宮於此。

但看箭射空，須臾還墜地；饒你得仙人，恰似守屍鬼；心月自精明，萬象何能比？
欲知仙丹術，身內元神是；莫學黃巾公⑭，握愚自守擬！

⑭黃巾公：即黃石公，一云赤松子。今指普通道士。章太炎〈檢論〉：「今之黃巾道士，起於張陵、張魯之倫。」

丙、入佛詩

㈠表悟境

103. *寒山道，無人到；若能行，稱十號①；有蟬鳴，無鴉噪；黃葉落，白雲掃；石磊磊，山隩隩；我獨居，名善導②；子細看，何相好③！

104. *寒山寒，冰鎖石；藏山青，現雪白；日出照，一時釋；從茲暖，養老客。

105. *我居山，勿④人識，白雲中，常寂寂！

①十號：佛經云，佛有十號。一如來，二應供，三正遍知，四明行足，五善逝，六世間解，七無上士，八調御丈夫，九天人師，十佛、世尊。今總稱曰：「佛」。

②善導：佛之德號之一。又，唐高僧名，蓮宗二祖，高宗永隆二年寂。

③相好：佛有三十二種美相：如「金色身」相，「眉有白毫」相，「胸表卍字」相，「頂成肉髻」相……不一俱述。

④勿：即「無」，為方言，否定動詞。

106. ＊寒山深，稱我心，純白石，勿黃金，泉聲響，撫伯琴，有子期，辨此音！

107. ＊重巖中，足清風；扇不搖，涼冷通；明月照，白雲籠；獨自坐，一老翁！

108. 寒山子，長如是，獨自居，不生死。

109. ＊閑自訪高僧，煙山萬萬層，師親指歸路，月掛一輪燈。＊＊＊

110. ＊吾心似秋月，碧潭清皎潔，無物堪比倫，教我如何說。＊＊＊

111. ＊碧澗泉水清，寒山月華白，默知神自明，觀空境逾寂。

112. ＊多少天台人，不識寒山子，莫知真意度，喚作閑言語。

113. ＊閑遊華頂上，日朗晝光輝，四顧晴空裏，白雲同鶴飛！

㈡表體理

114. 瞋是心中火，能燒功德林，欲行菩薩⑤道，忍辱護真心。

115. *身著空花衣。足躡龜毛履。手把兔角弓⑥。擬射無明鬼⑦。***

116. *凡讀我詩者，心中須護淨，慳貪繼日廉，諂曲登時正；

117. 驅遣除惡業，歸依受真性，今日得佛身，急急如律令⑧。

---

⑤菩薩：梵語菩提薩埵，中譯為「覺有情」，簡稱為「菩薩」。

⑥身著空花衣。足躡龜毛履。手把兔角弓：空花、龜毛、兔角，本無其物，佛經多引喻為虛無。

⑦無明鬼：無明為眾生生命的劣根「阿維耶識」(Avidya)，乃「痴」的異名。《唯識論》：「云何為痴，於諸事理闇為性，能障無痴一切，雜染所依為業。」無明不滅，則佛道不成。乃生死煩惱之根本，因其不善，故曰鬼。

⑧律令：即「法令」。《漢書・高帝紀》：「命蕭何次律令。」王先謙《補註刑法志》云：「何抉摭秦法，取其宜於時者，作律九章。」令最急也，故云。後道家符咒文多用之。

說食終不飽，說衣不免寒，飽喫須是飯，著衣方免寒；
不解審思量，只道求佛難，迴心即是佛，莫向外頭看。＊＊＊

118. 本志慕道倫，道倫常獲親，時逢杜源客⑨，每接話禪賓；
談玄月明夜，探理日臨晨，萬機俱泯迹，方識本來人。

119. 白拂栴檀⑩柄，馨香竟日聞；柔和如卷霧，搖拽似行雲；
禮奉宜當暑，高提復去塵；時時方丈內，將用指迷人。

120. 水清澄澄瑩，徹底自然見，心中無一事，水清眾獸現，
心若不妄起，永劫無改變，若能如是知，是知無背面。＊＊＊

121. 我見黃河水，凡經幾度清，水流如急箭，人世若浮萍，
痴屬根本業，無明煩惱阬，輪迴幾許劫，只為造迷盲。

⑨杜源客：即談禪之道友。杜源者，乃杜生死之根源也。
⑩栴檀：音ㄓㄢ ㄊㄢˊ，香木名，可作藥用，行氣去風，中譯「與樂」，即俗云檀香木。

122.
*寒山有躶蟲，身白而頭黑⑪，手把兩卷書，一道將一德，
住不安釜竈，行不齎衣裓，常持智慧劍，擬破煩惱賊。***

123.
*可貴天然物，獨一無伴侶，覓他不可見，出入無門戶，
促之在方寸，延之一切處，你若不信受，相逢不相遇。

124.
*余家有一窟，窟中無一物⑫，淨潔空堂堂，光華明日日，
蔬食養微軀，布裘遮幻質，任你千聖現，我有天真佛。***

125.
富兒會高堂，華燈何煒煌；此時無燭者，心願處其傍；
不意遭排遣，還歸暗處藏；益人明詎損，頓訝惜餘光。***

126.
世有聰明士，勤苦探幽文；三端⑬自孤立，六藝⑭越諸君；

---

⑪寒山有躶蟲，身白而頭黑：黑白喻善惡，人性有善惡二分，故以黑白喻人。躶，音ㄌㄨㄛˇ，赤體也。

⑫余家有一窟，窟中無一物：喻佛性無「物」。佛性本具，不待外求也。

神氣卓然異，精彩超眾群；不識箇中意，逐境亂紛紛。

127.

*四時無止息，年去又年來，萬物有代謝，九天無朽摧，
東明又西暗，花落復花開，唯有黃泉客，冥冥去不迴！

128.

*巖前獨靜坐，圓月當天耀；萬象影現中，一輪本無照；
廓然神自清，含虛洞玄妙；因指見其月，月是心樞要。

129.

*我住在村鄉，無爺亦無娘，無名無姓第⑮，人喚作張王，
並無人教我，貧賤也尋常，自憐心的實，堅固等金剛。

130.

---

⑬三端：即「文士之筆端，武士之鋒端，辯士之舌端」。《韓詩外傳》云：「君子避三端。」梁簡文帝〈舌賦〉云：「夫三端所貴，三寸著名。」庾信〈哀江南賦〉云：「未深患於五難，先自擅於三端。」

⑭六藝：一曰：「禮、樂、射、御、書、數。」一曰：「《詩》、《書》、《易》、《禮》、《樂》、《春秋》（《左氏》、《公羊》、《穀梁》）。」

⑮我住在村鄉，無爺亦無娘，無名無姓第：用喻自性之佛，無相之相，性體自俱，無形之形，等固金剛。

*我見利智人，觀者便知意，不假尋文字，直入如來地，
心不逐諸緣，意根不妄起，心意不生時，內外無餘事。

131.
*寒山出此語，此語無人信，蜜甜足人嘗，黃蘗⑯苦難近，
順情生喜悅，逆意多瞋恨，但看木傀儡，弄了一場困。***

132.
我見人轉經，依他言語會，口轉心不轉，心口相違背，心真無委曲，
不作諸纏蓋，但且自省躬，莫覓他替代，可中作得主，是知無內外。

133.
世事繞悠悠，貪生早晚休，研盡大地石，何時得歇頭；
四時周變易，八節⑰急如流，為報火宅主，露地騎白牛⑱。

---

⑯黃蘗：為中藥名，芸香科，落葉喬木，生山地，高三四丈，夏開黃色小花，秋實如豆，實熟亦可入藥。《本草綱目》云：「黃蘗，味苦大寒，功燥溼，入下焦清熱，褪陰火，與蒼朮同用，起痺痿。」按黃蘗，藥用其莖，味極苦，色黃。有消炎作用。

⑰八節：古以「立春、立夏、立秋、立冬、春分、秋分、夏至、冬至」為一年之八節。

⑱白牛：喻佛性。佛家以「牛、羊、鹿」三車，喻佛、菩薩、緣覺三乘。

134. 可笑五陰窟⑲，四虵⑳同共居；黑暗無明燭，三毒㉑遞相驅；
伴黨六箇賊㉒，劫掠法財珠；斬卻魔軍輩，安泰湛如蘇。

135. 五嶽㉓俱成粉，須彌一寸山，大海一滴水，吸入在心田；
生長菩提子㉔，徧蓋天中天，語汝慕道者，慎莫繞十纏㉕。

---

⑲五陰窟：五陰，亦名「五蘊」。即是「色」（有形的名、色、物象），「受」（對境感受事物刺激的心理作用），「想」（對境想像事物而發生的思維作用），「行」（對境上的貪、瞋等善惡分別心運用的意識流），「識」（對境而辨別事物的心之本體）。五陰陷人，故名為「窟」。

⑳四虵：虵，蛇俗字。所謂四虵，即「地、水、風、火」四大元素。《最勝經》云：「地水風火，共成人身，同在一處而相逢，如四毒虵居於一篋……」故名。

㉑三毒：即佛所說「貪、瞋、痴」三大劣根，以能使人自陷，故曰「毒」。

㉒六箇賊：即六識——眼、耳、鼻、舌、身、意，引發為色、聲、香、味、觸、法。以其害己，故名為「賊」。

㉓五嶽：指中國之五嶽名山，東嶽泰山，西嶽華山，南嶽衡山，北嶽恆山，中嶽嵩山。

㉔菩提子：菩提，譯為「道」，菩提子，即「道」的種子。

㉕十纏：所謂十纏，即「無慚、無愧、嫉、慳、悔、睡眠、掉舉、昏沉、瞋忿、覆」。此十種意惑，纏縛眾生，不令眾生出生死，故名「十纏」。見《俱舍》及《智度論》。

136. 余家有一宅，其宅無正主㉖，地生一寸草，水垂一滴露，
火燒六箇賊，風吹黑雲雨㉗，子細尋本人，布裹真珠爾！

137. 昔日極貧苦，夜夜數他寶；今日審思量，自家須營造；掘得一寶藏，
純是水精珠㉘；大有碧眼胡㉙，密擬買將去；余即報渠言，此珠無價數。＊＊＊

138. 寄語諸仁者，復以何為懷？達道見自性，自性即如來；
天真元具足，修證轉差迴；棄本卻逐末，只守一場獃！

139. 世有一般人，不惡又不善；不識主人公，隨客處處轉；
因循過時光，渾是痴肉臠；雖有一靈臺㉚，如同客作漢！

㉖余家有一宅，其宅無正主：喻四大非我，我有何「主」？乃假名我也。此喻色身。

㉗黑雲雨：黑喻惡業，雲雨喻多。

㉘水精珠：即「水晶珠」，寶珠也。

㉙碧眼胡：喻西域人，或色目人，此詩以假設語氣擬一客位。

140. 眾生不可說，何意許顛邪？面上兩惡鳥㉛，心中三毒蚍㉜；
是渠作障礙，使你事煩拏，舉手高彈指，南無佛陁耶㉝！

141. 常聞釋迦佛，先受然燈㉞記，然燈與釋迦，只論前後智；
前後體非殊，異中無有異，一佛一切佛，心是如來地！

142. 摧殘荒草廬，其中煙火蔚，借問群小兒，生來凡幾日？
門外有三車㉟，迎之不肯出，飽食腹膨脝㊱，箇是痴頑物！

㉚靈臺：指「心」而言，心最靈慧，故曰「靈臺」。
㉛兩惡鳥：出處不明，從闕。
㉜三毒蚍：即三毒——貪、瞋、痴，見頁二〇八㉑，因其甚毒，故名蚍。
㉝南無佛陁耶：南無，音「那謨」，梵音中譯為「皈依」，佛陁耶（Buddha），即「佛」之音譯。佛為簡譯。意為「覺者」。
㉞然燈：佛名。釋迦牟尼佛在「因地」中第二阿僧祇劫滿時，遇此佛出世，買五花之蓮，以供養之，髮布於泥，令佛蹈之，以受未來成佛之「記」。所謂「記」，即是「囑咐」。

143\. 不見朝垂露，日爍自消除，人身亦如此，閻浮是寄居；
切莫因循過，且令三毒袪，菩提即煩惱，盡令無有餘。

144\. 自古多少聖，叮嚀教自信，人根性不等，高下有利鈍；
真佛不肯認，置功枉受困，不知清淨心，便是法王印㊲！

145\. 繿縷關前業，莫訶今日身，若言由塚墓，箇是極痴人；
到頭君作鬼，豈令男女貧？皎然易解事，作麼無精神！

146\. 一缾鑄金成，一缾埏泥出㊳，二缾任君看，那箇缾牢實；

㉟三車：佛經以牛、羊、鹿三車，象徵佛、菩薩、緣覺之三乘。

㊱膨脝：腹滿的樣子。脝，音ㄏㄥ。

㊲法王印：即是「佛印」。佛為「法」之王。所謂「印」，即是「印證」之境。佛印，便是佛所「親證」的真理。

㊳一缾鑄金成，一缾埏泥出：缾，同「瓶」。埏，音ㄧㄢˊ，水和土也。動詞。

欲知鉼有二，須知業非一，將此驗生因，修行在今日！

147. 變化計無窮，生死竟不止，三途㊴鳥雀身，五嶽龍魚已，
世濁作羱羺㊵，時清為騄駬㊶，前迴是富兒，今度成貧士。

148. 報汝修道者，進求虛勞神，人有精靈物，無字復無文，
呼時歷歷應，隱處不居存，叮嚀善保護，勿令有點痕！

149. 默默永無言，後生何所述，隱居在林藪，智日何由出？
枯槁非堅衛，風霜成夭疾，土牛耕石田，未有得稻穀！＊＊＊

150. 有人把椿樹㊷，喚作白栴檀㊸，學道多沙數，幾箇得泥丸㊹？

㊴三途：即三惡道，所謂「地獄、畜生、餓鬼」。

㊵羱羺：音ㄋㄧˊ ㄋㄡˊ，即「胡羊」也。大食國（今伊朗一帶）所產之羊。〈方國志〉云：大食出胡羊，高三尺餘，其尾如扇，每年春割取脂，再縫合之，不取則脹死。

㊶騄駬：音ㄌㄨˋ ㄦˇ，良馬也。周穆王八駿馬之一。

棄金卻擔草，謾他亦自謾，似聚砂一處，成團也大難！

151. 烝砂擬作飯，臨渴始掘井，用力磨碌甎，那堪將作鏡？
佛說元平等，總有真如性，但自審思量，不用閑爭競！

152. 推尋世間事，子細揔皆知，凡事莫容易，盡愛討便宜；護即弊成好，
毀即是成非；故知雜濫口，背面揔由伊；冷暖我自量，不信奴脣皮。

153. 有身與無身，是我復非我，如此審思量，遷延倚巖坐；
足間青草生，頂上紅塵墮，已見俗中人，靈床施酒果！＊＊＊

154. 寒山出此語，復似顛狂漢，有事對面說，所以足人怨，心真出語直，

㊷椿樹：楝科植物，落葉喬木，莖高，葉初生呈紅色，初夏開小白花，木可製器，香者可供食物作料，臭者作藥用。

㊸白梅檀：見頁二〇四⑩，檀香木也。

㊹泥丸：梵文音譯。與「泥洹、涅槃」通，此喻成佛。

直心無背面，臨死度奈河，誰是嘍囉漢，冥冥泉臺路，被業相拘絆！

155. 寒山無漏巖，其巖甚濟要㊺；八風㊻吹不動，萬古人傳妙；寂寂好安居，
空空離譏誚，孤月夜長明，圓日常來照；虎丘兼虎谿㊼，不用相呼召；
世間有王傅㊽，莫把同周邵㊾，我自遯寒巖，快活長歌笑。

㊺寒山無漏巖，其巖甚濟要：人為「有漏之身，佛性乃無漏之體」，詩人自擬「無漏」，事屬親證境界。

㊻八風：佛家語，謂能煽動人心之八事也。即「利、衰、毀、譽、稱、譏、苦、樂」。東坡有「八風吹不動」之句。

㊼虎丘兼虎谿：虎丘，地在蘇州西郊，東晉道生法師在此說法時，天花亂墜，巖石點頭。虎谿，在廬山東林寺下，東晉慧遠大師送客處。

㊽王傅：王，為王喬，或曰「王子喬」，東漢人，順帝時為葉令，有神術，每月朔望，常自縣詣臺朝帝，帝怪其來數，而不見車騎，令太史伺望之。言其臨至，輒有雙鳧自東南飛來，於是候鳥至，舉羅張之，但得一隻舄焉，則尚書官屬所賜履也。古傳此人即仙人王子喬。傅，為傅翕，南朝東陽人，字玄風，年二十四，遇梵僧嵩頭陀，而知前因，結庵松山之雙檮樹間，苦行七年，頗有神異，梁武重之，翕自稱「當來解脫善慧大士」，人稱傅大士。陳大建元年卒。此喻隱逸之士。

㊾周邵：周，指周公旦，即周公也。邵，指召公奭。《史記．李斯列傳》云：「……不然，斯之功，且周邵列矣。」《漢書．六王傳》有：「大王有周邵之名。」此喻功名途中人。

156.

寒山有一宅，宅中無闌隔；六門左右通，堂中見天碧(50)；

房房虛索索，東壁打西壁；其中一物無，免被人來借；

寒到燒輭火，饑來煮菜喫；不學田舍翁，廣置牛莊宅；

盡作地獄業，一入何曾極；好好善思量，思量知軌則！

157.

我有六兄弟，就中一箇惡(51)，打伊又不得，罵伊又不著，處處無奈何，

耽財好婬殺，見好埋頭愛，貪心過羅剎(52)，阿爺惡見伊，阿孃嫌不悅，

昨被我捉得，惡罵恣情掣，趂向無人處，一一向伊說：汝今須改行，

覆車須改轍，若也不信受，共汝惡合殺，汝受我調伏，我共汝覓活！

---

(50)寒山有一宅，宅中無闌隔；六門左右通，堂中見天碧：這四句詩，雖然寫的似是自敘，但「寒山一宅」卻隱喻著一個「假我」在。所謂「六門左右通」，實指「六識」——「眼、耳、鼻、舌、身、意」。詩人有實際的生活與親證的妙悟，因此，拈來佳句，俱成天籟。

(51)我有六兄弟，就中一箇惡：六兄弟即是「眼、耳、鼻、舌、身、意」，而「意」識最惡，打伊不得，罵伊不著也。

(52)羅剎：梵語，華言「厲鬼」。

從此盡和同，如今過菩薩；學業攻鑪冶，鍊盡三山鐵；至今靜恬恬，眾人皆讚說。

158. ＊千年石上古人蹤，萬丈巖前一點空，明月照時常皎潔，不勞尋討問西東！

159. ＊眾星羅列夜明深，巖點孤燈月未沈，圓滿光華不磨瑩，挂在青天是我心！

160. 我向前谿照碧流，或向巖邊坐磐石，心似孤雲無所依，悠悠世事何須覓！

161. 寒山頂上月輪孤，照見晴空一物無，可貴天然無價寶，埋在五陰㊼溺身軀！

162. 千生萬死凡幾生，生死來去轉迷盲，不識心中無價寶，猶似盲驢信脚行！

163. 昔年曾到大海遊，為采摩尼㊽誓懇求，直到龍宮深密處，金關鎖斷主神愁，龍王守護安耳裏，劍客星揮無處搜，賈客卻歸門內去，明珠㊾元在我心頭。

㊼五陰：見頁二〇八⑲。

㊽摩尼：即是「寶珠」。

(三)表諷勸

164. 沙門㊻不持戒，道士不服藥，自古多少賢，盡在青山腳。***

165. *人生一百年，佛說十二部㊼，慈悲如野鹿，瞋忿似家狗，
家狗趁不去，野鹿常好走，欲伏獼猴心㊽，須聽師子吼㊾！

166. *世有一等流，悠悠似木頭，出語無知解，云我百不憂，

㊺明珠：喻佛性。

㊻沙門：梵音，中譯為「息心、淨志、貧道」等，為出家人通稱。

㊼十二部：佛說一切經典，共分為十二大類。據《大智度論》三十三云：「一、修多羅（契經），二、祇夜（重喻），三、伽陀（諷誦），四、尼陀那（因緣），五、伊帝目多（本事），六、闍多伽（本生），七、阿浮達摩（未曾有），八、阿波陀那（譬喻），九、優婆提舍（論議），十、優陀那（自說），十一、毗佛略（方廣），十二、和伽羅（授記）。」

㊽獼猴心：喻心如獼猴，猴心不靜，故名。

㊾師子吼：師即獅。師子為獸中王，今以師子喻佛。佛為眾中尊，故佛之法音，名師子吼。

167. 問道道不會，問佛佛不求，子細推尋著，茫然一場愁！

168. 可畏輪迴苦，往復似翻塵，蟻巡環未息，六道⑥⓪亂紛紛，改頭換面孔，不離舊時人，速了黑暗獄，無令心性昏。

169. 可畏三界輪⑥①，念念未曾息，纔始似出頭，又卻遭沈溺，假使非非想，蓋緣多福力，爭似識真源，一得即永得！

170. *人生不滿百，常懷千載憂，自身病始可，又為子孫愁，下視禾根下，上看桑樹頭，秤鎚落東海，到底始知休！***

妾在邯鄲⑥②住，歌聲亦抑揚，賴我安居處，此曲舊來長，

---

⑥⓪六道：佛家論三界之內有四生六道，六道指「天、人、阿修羅（以上三善道），餓鬼、地獄、畜生（以上三惡道）」。

⑥①三界輪：因三界內有輪迴之苦。故名「三界輪」。請參閱《華嚴》等經。三界，「欲界、色界、無色界」，共統三十三天。

既醉莫言歸，留連日未央，兒家寢宿處，繡被滿銀牀！＊＊＊

171\. 可憐好丈夫，身體極稜稜，春秋未三十，才藝百般能，金羈(63)逐俠客，玉饌集良朋，唯有一般惡，不傳無盡燈(64)！

172\. 快哉混沌身，不飯復不尿，遭得誰鑽鑿，因茲立九竅，朝朝為衣食，歲歲愁租調，千箇爭一錢，聚頭亡命叫！＊＊＊

173\. 浪造凌霄閣(65)，虛登百尺樓，養生仍夭命，誘讀詎封侯，不用從黃口(66)，何須厭白頭？未能端似箭，且莫曲如鉤！

174\.

---

(62)邯鄲：縣名，屬河北。又古國名。

(63)羈：音ㄐㄧ，馬絡頭。

(64)無盡燈：佛法相傳，曰「傳燈」、「無盡燈」，無盡之佛法也。

(65)凌霄閣：喻高樓大廈。

(66)黃口：雛鳥，口仍有黃斑，故曰黃口。今喻「小兒」。

田舍多桑園，牛犢滿廐(67)轍，肯信有因果，頑皮早晚裂，
眼看消磨盡，當頭各自活，紙袴瓦作裩，到頭凍餓殺(68)。

175. 我見一痴漢，仍居三兩婦，養得八九兒，總是隨宜手，
丁防是新差(69)，資財非舊有，黃蘗作驢鞦(70)，始知苦在後！

176. 世有一等愚，茫茫恰似驢，還解人言語，貪婬狀若豬，
險巇難可測，實語卻成虛，誰能共伊語，令教莫此居！

177.

---

(67)廐：音ㄐㄧㄡˋ，養馬的屋。

(68)紙袴瓦作裩，到頭凍餓殺：意謂紙片做的紡磚，織成褲子，不能禦寒也。瓦，乃紡磚。

(69)丁防是新差：指年輕的男子是新的兵勇。所謂差，即是「役事」。

(70)黃蘗作驢鞦：「黃蘗」不作中藥解。黃蘗，木也，性味極苦。所謂「驢鞦」，是古人駕車時，絡在牛、馬、或驢子屁股後的「皮帶」，或「夾板」，以防滑了套索。通常驢子多用夾板。「黃蘗作驢鞦」，始知「苦」在後，「歇後語也」。又：唐斷際禪師（希運之別稱）幼於黃蘗山出家，因以黃蘗名之。世稱黃蘗禪師。又：黃蘗版，此云黃蘗宗之鐵眼禪師，延寶時，翻版六千九百五十六卷之《大藏經》版，一稱「鐵眼版」。

死生元有命，富貴本由天，此是古人語，吾今非謬傳；
聰明好短命，癡騃卻長年，鈍物豐財寶，醒醒漢無錢。

178.
去家一萬里，提劍擊匈奴，得利渠即死，失利汝即殂；
渠命既不惜，汝命有何辜，教汝百勝術，不貪為上謀。

179.
有漢姓傲慢，名貪字不廉，一身無所解，百事被他嫌；
死惡黃蓮苦，生憐白蜜甜，喫魚猶未止，食肉更無厭。

180.
貪人好聚財，恰如梟愛子，子大而食母，財多還害己，
散之即福生，聚之即禍起，無財亦無禍，鼓翼青雲裏。

181.
*傳語諸公子，聽說石齊奴[71]，僮僕八百人，水碓[72]三十區，

---

[71] 石齊奴：即石崇，小字齊奴。崇，晉之南皮人，生於青州，累官荊州刺史，遷衛尉。使客航海致富，置金谷別墅於河陽，與王愷、羊琇之徒以奢靡相尚，諂事賈謐，及謐誅，崇以黨免官。崇家有美姬，名綠珠，孫秀欲得之，求於崇，綠珠墜樓自盡，秀怒，譖於趙王倫，矯旨殺崇，一門皆死。

舍下養魚鳥，樓上吹笙竽，伸頭臨白刃，癡心為綠珠。

182. 丈夫莫守困，無錢須經紀，養得一牸(73)牛，生得五犢子，犢子又生兒，積數無窮已，寄語陶朱公(74)，富與君相似！

183. 桂棟非吾宅，松林是我家，一生俄爾過，萬事莫言賒；濟渡不造筏，漂淪為采花，善根今未種，何日見生芽(75)？

184. 我見世間人，茫茫走路塵，不知此中事，將何為去津；榮華能幾日，眷屬片時親，縱有千斤金，不如林下貧。

---

(72)水碓：藉水力椿米之工具。石崇有三十區，其製造作水輪，輪軸長約數尺，列貫橫木，水激輪轉，則軸間橫木，間打碓梢，一起一落椿之。江南人多用之。水碓多，言其富也。

(73)牸：音ㄗˋ，牝牛也。

(74)陶朱公：范蠡，破吳後變姓名，遊江湖，適齊，為鴟夷子皮，之陶，居陶山，為朱公，居十九年，三致千金，子孫修業而息之，遂至巨萬。此後言富者為「陶朱公」。

(75)何日見生芽：謂善根何時發芽也。生芽，亦作「生涯」。

185\. 世間一等流，誠堪與人笑，出家弊己身，誑俗將為道；
雖著離塵衣，衣中多養蚤，不如歸去來，識取心王[76]好。

186\. 吁嗟濁濫處，羅剎共賢人，謂是等流類，焉知道不親？
狐假師子勢，詐妄卻稱珍，鈆[77]礦入鑪冶，方知金不真。

187\. 可歎浮生人，悠悠何日了，朝朝無閑時，年年不覺老；
總為求衣食，令心生煩惱，擾擾百千年，去來三惡道[78]。

188\. 惡趣甚茫茫，冥冥無日光，人間八百歲，未抵半宵長；
此等諸痴子，論情甚可傷，勸君求出離，認取法中王[79]。

---

[76] 心王：心的力最大，故為王，曰「心王」。
[77] 鈆：同「鉛」。
[78] 三惡道：因其至苦至惡，故名（見頁二一二三途條）。
[79] 法中王：佛法，為諸法之尊，博大精微，故云佛法為「法中王」。

189.
*勸你休去來，莫惱他閻老，失腳入三途，粉骨遭千擣，
長為地獄人，永隔今生道，勉你信余言，識取衣中寶⑳！

190.
世有多事人，廣學諸知見，不識本真性，與道轉懸遠，
若能明實相，豈用陳虛願，一念了自心，開佛之知見。

191.
不須攻人惡，何用伐己善，行之則可行，卷之則可卷，
祿厚憂積大，言深慮交淺，聞茲若念茲，小子當自見。

192.
浩浩黃河水，東流長不息；悠悠不見清，人人壽有極；
苟欲乘白雲，曷由生羽翼；唯當鬒髮時㉑，行住須努力。

193.
乘茲朽木船，采彼紝婆子㉒，行至大海中，波濤復不止，

⑳衣中寶：即佛性本具也。
㉑鬒髮時：少年時。鬒，音ㄓㄣˇ，形容詞，髮黑而多的樣子。

唯賷[83]一宿糧，去岸三千里，煩惱從何生，愁哉緣苦起。

194.
人以身為本，本以心為柄；本在心莫邪，心邪喪本命；
未能免此殃，何言懶照鏡；不念《金剛經》[84]，卻令菩薩病。

195.
男兒大丈夫，作事莫莽鹵；勁挺鐵石心，直取菩提路；
邪路不用行，行之枉辛苦；不要求佛果，識取心王主。

196.
如許多寶貝，海中乘壞舸，前頭失卻桅，後頭又無柂[85]；
宛轉任風吹，高低隨浪簸，如何得到岸，努力莫端坐。

197.

---

[82] 絍婆子：佛經載，西域有苦樹，其子曰絍婆子，其子枝均苦。喻眾生之苦，絍，音ㄖㄣˊ。

[83] 賷：音ㄐㄧ，攜帶也。

[84] 金剛經：佛經之一種，屬般若門，全譯《金剛般若波羅密經》。金剛喻堅固，波羅密譯為「度」。此經為禪宗必備，以「空」的理論，為其哲學。

[85] 柂：同「舵」。

若人逢鬼魅，第一莫驚懅，捺硬莫采渠，呼名自當去；
燒香請佛力，禮拜求僧助，蚊子叮鐵牛，無渠下觜處。

198.
*我見世間人，箇箇爭意氣，一朝忽然死，只得一片地；
闊四尺，長丈二，汝若會出來，爭意氣，我與汝，立碑記！

199. 本首錄自《風穴語錄》佚詩
梵志(86)死去來，魂識見閻老，讀盡百王書，未免受捶拷；一稱南無佛，皆以成佛道！

200.
我行經古墳，淚盡嗟存沒，塚破壓黃腸，棺穿露白骨，
欹斜有瓮缾(87)，振撥無簪笏，風至攬其中，灰塵亂孛孛(88)！

201.

---

(86)梵志：有兩種釋義。一、印度婆羅門族，皆以修「梵天」之淨行為志，故曰「梵志」。二、一切佛經以一切出家人之通稱，一名「梵志」。梵義為「清淨」，凡修淨行者，均可為「梵志」。詩中，指初唐詩人「王梵志」，以白話詩表達佛理見長，發現於敦煌石室，為胡適之博士所重。《白話文學史》多載之。

(87)瓮缾：即甕瓶，皆容器。

(88)孛孛：音ㄅㄛˊ ㄅㄛˊ，塵土紛起的樣子。

騮馬珊瑚鞭，驅馳洛陽道，自矜美少年，不信有衰老；
白髮會應生，紅顏豈長保，但看北邙山㊇，箇是蓬萊島㊈？

202. 君看葉裏花，能得幾時好，今日畏人攀，明朝待誰掃；
可憐嬌豔情，年多轉成老，將世比於花，紅顏豈長保？＊＊＊

203. 驅馬度荒城，荒城動客情；高低舊雉堞㊉，大小古墳塋；
自振孤蓬影，長凝拱木聲；所嗟皆俗骨，仙史更無名！＊＊＊

204. ＊玉堂掛珠簾，中有嬋娟子，其貌勝神仙，容華若桃李；
東家春霧合，西舍秋風起，更過三十年，還成甘蔗滓。＊＊＊

---

(89)北邙山：山名，在河南洛陽北，與偃師、鞏、孟津三縣為界。東漢建武十年，恭王祉死葬於此，其後公卿多葬此。唐樂府中有〈北邙行〉，今引為「墓地」。

(90)蓬萊島：海中仙山名，亦曰蓬壺。《漢書・郊祀志》曰：「使人入海求蓬萊、方丈、瀛洲三神者，其傳在渤海中。」《列子・湯問》曰：「渤海之東有五山，曰蓬萊。」

(91)雉堞：城上的短牆，俗稱城堡。

205. ＊可惜百年屋，左倒右復傾[92]，牆壁分散盡，木植亂差橫，
甎瓦片片落，朽爛不堪停，狂風吹驀塌，再豎卒難成！

206. ＊誰家長不死，死事舊來均，始憶八尺漢，俄成一聚塵，
黃泉無曉日，青草有時春，行到傷心處，松風愁殺人！

207. ＊城中娥眉女，珠珮珂珊珊，鸚鵡花前弄，琵琶月下彈；
長歌三月響，短舞萬人看，未必長如此，芙蓉不耐寒！

208. ＊花上黃鸎子，喧喧聲可憐，美人顏似玉，對此弄鳴絃；
翫之能不足，眷戀在韶年，花飛鳥亦散，灑淚秋風前。＊＊＊

209. 俊傑馬上郎，揮鞭指柳楊，謂言無死日，終不作梯航，
四運花自好，一朝成萎黃，醍醐[93]與石蜜[94]，至死不能嘗。

---

[92] 可惜百年屋，左倒右復傾：喻人生如百年老屋，風吹雨打，復舊難成。

210. 璨璨盧家女，舊來名莫愁，貪乘摘花馬，樂搒采蓮舟；
膝坐綠熊席，身披青鳳裘，哀傷百年內，不免歸山丘。

211. 自古諸哲人，不見有長存，生而還復死，盡變作灰塵；
積骨如毗富(95)，別淚成海津，唯有空名在，豈免生死輪？＊＊＊

212. 生前大愚癡，不為今日悟，今日如許貧，揔是前生作；
今日又不修，來生還如故，兩岸各無船，渺渺難濟渡。

213. 出身既擾擾，世事非一狀，未能捨流俗，所以相追訪；
昨吊徐五死，今送劉三葬，終日不得閑，為此心悽愴。

---

(93)醍醐：酪之精者。《佛說大涅槃經》曰：「……譬如從牛出乳，從乳出酪，從酪出生酥，從生酥出熟酥，從熟酥出醍醐……」今引為「美酒」。此間喻佛道。

(94)石蜜：即「白沙糖」。《本草綱目》謂：甘蔗火蒸而曝之，則凝如石而甚輕，故曰「石蜜」。

(95)毗富：山也。此形容骨積如山。

214.
我見多知漢，終日用心神，歧路逞嘍囉，欺謾一切人；
唯作地獄滓，不修正直因，忽然無常至，定知亂紛紛。

215.
*少年何所愁？愁見鬢毛白；白更何所愁？愁見日逼迫；
移向東岱居，配守北邙宅；何忍出此言，此言傷老客！

216.
*徒閉蓬門坐，頻經石火遷，唯聞人作鬼，不見鶴成仙；
念此那堪說，隨緣須自憐，迴瞻郊郭外，古墓犁為田。

217.
*我見世間人，生而還復死，昨朝猶二八，壯氣胸襟士；
如今七十過，力困形憔悴，恰似春日花，朝開夜落爾。

218.
自有慳惜人，我非慳惜輩，衣單為舞穿，酒盡緣歌啐；
當取一腹飽，莫令兩腳儽⑯；蓬蒿鑽髑髏，此日君應悔。

⑯儽：音ㄌㄟˋ，同「纍」。頹喪的樣子。或云疲累。《老子》云：「纍纍兮其若不足，似無所歸。」

219. 啼哭緣何事，淚如珠子顆？應當有別離，復是遭喪禍，
所為在貧窮，未能了因果，塚間瞻死屍，六道不干我。

220. 縱你居犀角，饒君帶虎睛，桃枝將辟穢，蒜殼(97)取為瓔；
暖腹茱萸酒，空心枸杞羹，終歸不免死，浪自覓長生。

221. 富兒多鞅掌(98)，觸事難祇承，倉米已赫赤，不貸人斗升；
轉懷鉤距(99)意，買絹先揀綾，若至臨終日，吊客有蒼蠅！

222. 賢士不貪婪，痴人好鑪冶，麥地占他家，竹園皆我者；

---

(97)蒜殼：大蒜皮也。

(98)鞅掌：不仁也。「猶言手足不仁。不仁則手容不能恭，足容不能重，是失容之意。」又云：人之事多，亦曰「鞅掌」。《莊子・庚桑楚》篇云：「老聃之後有庚桑楚者，偏得老聃之道，以北居畏壘之山，其臣之畫然知者去之，其妾之挈然仁者遠之，擁腫之與居，鞅掌之為使，居三年，畏壘大壞。」

(99)鉤距：謂鉤取而致之。王先謙曰：「鉤，若取物也。距與致同，謂鉤而至之。」意思是「貪多」。

努膊覓錢財，切齒驅奴馬，須看郭門外，壘壘松栢下！***

223. *桃花欲經夏，風月催不待，訪覓漢時人，能無一箇在；
朝朝花遷落，歲歲人移改，今日揚塵處，昔時為大海。***

224. 世有多解人，愚痴徒苦辛，不求當來善，唯知造惡因；
五逆(100)十惡(101)輩，三毒以為親，一死入地獄(102)，長如鎮庫銀。

225. *董郎年少時，出入帝京裏，衫作嫩鵝黃，容儀畫相似；
常騎踏雪馬，拂拂紅塵起，觀者滿路傍，箇是誰家子？***

226.

---

(100) 五逆：五大罪也。一曰殺父，二曰殺母，三曰殺阿羅漢，四曰出佛身血，五曰破和合僧。

(101) 十惡：十惡者——一殺生，二偷盜，三邪淫，四妄語，五兩舌，六惡口，七綺語，八貪，九瞋，十邪見（即「痴」）。

(102) 地獄：梵音泥犁，譯為「不樂、可厭」等義。其所處在地下，故名。佛經云地獄有多種多樣，為眾生作惡業受報之地，從「事」上言之。理上言，皆人心所造。

箇是誰家子？為人大被憎，痴心常憒憒，肉眼醉瞢瞢；
見佛不禮佛，逢僧不施僧，唯知打大臠(103)，除此百無能！

227.
憐底眾生病，餐嘗略不厭，蒸豚搵蒜醬，炙鴨點椒鹽；
去骨鮮魚膾，兼皮熟肉臉，不知他命苦，只取自家甜。

228.
*寄語食肉漢，食時無逗遛，今生過去種，未來今日修；
只取今日美，不畏來生憂，老鼠入飯瓮，雖飽難出頭！

229.
買肉血㶁㶁(104)，買魚跳鱍鱍(105)，君身招罪累，妻子成快活；
纔死渠便嫁，他人誰敢遏？一朝如破牀，兩箇當頭脫！

230.
大海水無邊，魚龍萬萬千，遞互相食噉，冗冗(106)痴肉團；

---

(103)打大臠：即吃大肉。臠，音ㄌㄨㄢˊ，即塊肉。
(104)㶁㶁：音ㄏㄨㄛˊ ㄏㄨㄛˊ，水流的樣子。
(105)鱍鱍：音ㄆㄛ ㄆㄛ，鱍，同「潑」，魚游的樣子。

為心不了絕，妄想起如煙，性月澄澄朗，廓爾照無邊。

231. 豬吃死人肉，人喫死豬腸，豬不嫌人臭，人返道豬香；
豬死拋水內，人死掘土藏，彼此莫相噉，蓮花生沸湯。

232. 我見東家女，年可有十八，西舍競來問，願姻夫妻活；
烹羊煮眾命，聚頭作婬殺，含笑樂呵呵，啼哭受殃抉！

233. 有酒相招飲，有肉相呼喚，黃泉前後人，少壯須努力；
玉帶暫時華，金釵非久飾，張翁與鄭婆，一去無消息！＊＊＊

234. 天高高不窮，地厚厚無極；動物在其中，憑茲造化力；
爭頭覓飽暖，作計相噉食；因果都未詳，盲兒問乳色。

235. 為人常喫用，愛意須慳惜；老去不自由，漸被他推斥；

---

(106)冗冗：形容詞，紛亂的樣子。

送向荒山頭，一生願虛擲；亡羊罷補穿，失意終無極。

236\. 城北仲家翁，渠家多酒肉；仲翁婦死時，弔客滿堂屋；
仲翁自身亡，能無一人哭；喫他盃臠者，何太冷心腹？＊＊＊

237\. 不行真正道，隨邪號行婆；口慙神佛少，心懷嫉妒多；
背後噇(107)魚肉，人前念佛陀；如此修身處，難應避奈何！

238\. 嗔嗔買魚肉，擔歸餧妻子；何須殺他命，將來活汝己；
此非天堂緣，純是地獄滓；徐六語破堆(108)，始知沒道理！

239\. 余勸諸稚子，急離火宅中；三車在門外，載你免飄蓬；
露地四衢坐，當天萬事空；十方無上下，來去任西東；
若得箇中意，縱橫處處通！

---

(107) 噇：音ㄔㄨㄤˊ，食無厭也。此云猛吃。

(108) 破堆：堆或為摧，即破壞摧毀，喻「破綻」。

240. 我見出家人，不入出家學；欲知真出家，心淨無繩索；
澄澄孤玄妙，如如無倚託；三界任縱橫，四生⑩不可泊；
無為無事人，逍遙實快樂！

241. 勸你三界子，莫作勿道理；理短被他欺，理長不奈你；世間濁濫人，恰似黍粘子⑩；
不見無事人，獨脫無能比；早須返本源，三界任緣起；清淨入如流，莫飲無明水！

242. 自聞梁朝日，四依⑪諸賢士；寶志⑫萬迴師⑬，四仙傅大士⑭；

⑩四生：佛經以眾生分四類：即胎、卵、溼、化四種生命寄託體。

⑩黍粘子：藥用植物。一名牛蒡子、大力子。味辛苦而寒。又名惡實。此草葉大如芋，殼似粟，籽細長多刺，三月生苗，莖高四尺，四月開花，七月採籽，其物甚賤。外形亦難入目，故名「惡實」。其功用能明目除風，去毒，利小便，消斑毒。唯其實狀惡多刺鉤，鼠過之悉難走脫，故又曰「鼠黏子」。此喻世間不善之人。

⑪四依：亦云「法四依」。謂人學法，有四者當為依憑：一、依法不法人；二、依了義經，不依不了義經；三、依義不依語；四、依智不依識。——見《大智度論》。

⑫寶志：一作「保誌、寶誌」。六朝時高僧。宋齊之時頗著靈跡，齊武帝謂其惑眾，收付獄，且日見其遊行市

顯揚一代教(115)，作時如來使；造建僧伽藍(116)，信心歸佛理；
雖乃得如斯，有為多患累；與道殊懸遠，拆西補東爾；
不達無為功，損多益少利；有聲而無形，至今何處去？

243.
多少般數人，百計求名利；心貪覓榮華，經營圖富貴；

里，既而檢校，猶在獄中。武帝乃迎入華林園。梁武帝時甚見敬禮，呼為誌公。天監中無疾坐化。

(113)萬迴師：俗姓張，河南閿縣人。初母祈於觀音像而娠迴，迴生而愚，八九歲乃能言，父母以犬豕畜之。年長，父令耕田，因耕田直去不顧，口但連稱平等，因耕一壟，耕數十里，遇溝坑乃止。其父怒擊之，迴曰：「彼此總耕，何須異相？」乃止一擊而罷耕。迴兄戍役於安西，音問隔絕，父母謂其死矣，日夕涕泣而憂思焉，迴顧父母感念之甚，忽跪而言曰：「涕泣豈非憂兄耶？」父母且信且疑曰：「然。」迴曰：「詳思我兄所要者，衣裘糗糧市履之屬，請悉備焉，某將往之。」忽一日朝，賫所備而往，夕返其家，告父母曰：「兄平善矣！」視之乃兄跡也。一家異之。弘農抵安西，蓋萬里，以其「萬里迴」，故號曰「萬迴」也。武后時頗為寵遇，萬迴居京中，頗多靈跡，太平、安樂公主亦遇之。睿宗時寂化。後立有「萬迴寺」。（按：或云，梁時亦有「萬回」其人，但不見史料）

(114)傅大士：即傅翕，見頁二一四(48)。

(115)一代教：「一代時教」，佛教也。

(116)伽藍：梵語。此云「僧舍」。

心未片時歇，奔突如煙氣；家眷實團圓，一呼百諾至；
不過七十年，冰消瓦解置；死了萬事休，誰人承後嗣；
水浸泥彈丸，方知無意智。

244.
心高如山嶽，人我⑪不伏人；解講圍陀典⑱，能談三教文⑲；心中無慚愧，
破戒違律文；自言上人法，稱為第一人；愚者皆讚歎，智者撫掌笑；
陽燄虛空花，豈得免生老；不如百不解，靜坐絕憂惱！＊＊＊

245.
常聞國大臣，朱紫簪纓祿；富貴百千般，貪榮不知辱；奴馬滿宅舍，金銀盈帑屋；
痴福暫時扶，埋頭作地獄；忽死萬事休，男女當頭哭；不知有禍殃，前路何疾速；
家破冷颼颼，食無一粒粟，凍餓苦悽悽，良由不覺觸！

⑪人我：即人我之間。引申為「主觀」、「偏見」、「私見」。
⑱圍陀典：圍陀亦音「吠陀」，中譯為「智」，為印度最古之經文。引申為佛經。蓋佛經之原始思想，不乏吠陀之奧義。
⑲三教文：三教，在佛經有多種義：一、權門三教：藏教、通教、別教。二、南山三教：性空教、相空教、唯識教。三、天台三教：頓教、漸教、圓教。統稱「佛教」。

246.
上人(120)心猛利，一聞便知妙；中流心清淨，審思云甚要；下士鈍暗痴，頑皮最難裂；
直得血淋頭，始知自摧滅；看取開眼賊，鬧市集人決；死屍棄如塵，此時向誰說？
男兒大丈夫，一刀兩段截；人面禽獸心，造作何時歇？

247.
我見轉輪王(121)，千子常圍繞；十善(122)化四天(123)，莊嚴多七寶；七寶鎮隨身，莊嚴甚妙好；
一朝福報盡，猶若棲蘆鳥；還作牛領蟲，六趣(124)受業道；況復諸凡夫，無常豈長保；
生死如旋火，輪迴似麻稻；不解早覺悟，為人枉虛老！

(120)上人：謂「上德之人」。佛家尊稱語。

(121)轉輪王：佛典稱此王有「三十二相」，人壽無窮歲至八萬歲時出世，即位時，由天感得「輪寶」，轉其輪寶而降伏四方，故名。

(122)十善：與十惡法相反。即「不殺、不偷、不邪淫、不妄言、不兩舌、不惡口、不妄語、不貪、不瞋、不邪見」。

(123)四天：即四天王所居之天。為「欲界」(三界之一)天之第一天。四天王名曰：東方天王多羅叱，南方天王毘琉璃，西方天王毗留博叉，北方天王毗沙門。其名：東持國天，西廣目天，北多聞天，南增長天。

(124)六趣：即六道。趣者，趨向也，故名。

248\. 三界(125)人蠢蠢，六道人茫茫；貪財愛婬欲，心惡若豺狼；地獄如箭射，極苦若為當；
兀兀(126)過朝夕，都不別賢良；好惡總不識，猶如豬及羊；共語如木石，嫉妬似顛狂；
不自見己過，如豬在圈臥；不知自償債，卻笑牛牽磨！

249\. 我見凡愚人，多畜資財穀；飲酒食生命，謂言我富足；莫知地獄深，唯求上天福；
罪業如毗富，豈得免災毒；財主忽然死，爭共當頭哭；供僧讀文疏，空是鬼神祿；
福田一箇無，虛設一群禿；不如早覺悟，莫作黑暗獄；狂風不動樹，心真無罪福；
寄語冗冗人，叮嚀再三讀！

250\. 儂家暫下山，入到城隍裏；逢見一群女，端正容貌美；頭戴蜀樣花，
燕脂塗粉膩；金釧鏤銀朵，羅衣緋紅紫；朱顏類神仙，香帶氛氳氣；
時人皆顧眄，痴愛染心意；謂言世無雙，魂影隨他去；狗齩枯骨頭，
虛自舐脣齒；不解返思量，與畜何曾異？今成白髮婆，老陋若精魅；

---

(125)三界：即「欲界、色界、無色界」，眾生居之。

(126)兀兀：勞極的樣子。

無始由狗心，不超解脫地(127)。

251.

我見世間人，堂堂好儀相；不報父母恩，方寸底模樣；欠負他人錢，蹄穿始惆悵；
箇箇惜妻兒，爺孃不供養；兄弟似冤家，心中常悵怏；憶昔少年時，求神願成長；
今為不孝子，世間多此樣；買肉自家噇，抹觜道我暢；自逞說嘍羅，聰明無益當；
牛頭努目瞋，出去始時趨；擇佛燒好香，揀僧歸供養；羅漢門前乞，趂卻閑和尚；
不悟無為人，從來無相狀；封疏請名僧，䞋錢(128)兩三樣；雲光好法師，安角在頭上；
汝無平等心(129)，聖賢俱不降；凡聖皆混然，勸君休取相；我法妙難思，天龍盡迴向；
我今稽首禮，無上法中王；慈悲大喜捨，名稱滿十方；眾生作依怙，智慧身金剛；
頂禮無所著，我師大法王！

252.

語你出家輩，何名為出家？奢華求養活，繼綴族姓家；美舌甜脣觜，諂曲心鉤加；

---

(127)解脫地：即佛之境界。唯佛解脫生死，故名。

(128)䞋錢：布施僧之錢，䞋，音ㄔㄣˋ。

(129)平等心：對差別而言，無高下深淺之別，故名平等。佛對眾生，無有差別，故曰平等。眾生心有差別，故無「平等心」。

終日禮道場，持經置功課；鑪燒神佛香，打鐘高聲和；六時學客舂，晝夜不得臥；
只為愛錢財，心中不脫灑；見他高道人，卻嫌誹謗罵；驢屎比麝香，苦哉佛陁耶！
又見出家兒，有力及無力；上上高節者，鬼神欽道德；君王分輦坐，諸侯拜迎逆；
堪為世福田，世人須保惜；下下低愚者，詐現多求覓；濁濫即可知，愚痴愛財色；
著卻福田衣，種田討衣食；作債稅牛犁，為事不忠直；朝朝行弊惡，往往痛臀脊；
不解善思量，地獄苦無極；一朝著病纏，三年臥牀席；亦有真佛性，翻作無明賊；
南無佛陀耶，遠遠求彌勒⑬⓪！

253.
世間何事最堪嗟？盡是三途造罪楂⑬①；不學白雲巖下客，一條寒衲是生芽⑬②；
秋到任他林落葉，春來從你樹開花；三界橫眠閑無事，明月清風是我家！

254.
世人何事可吁嗟，苦樂交煎勿底涯；生死往來多少劫，東西南北是誰家；

⑬⓪彌勒：譯曰「無能勝」，姓阿逸多，生於南天竺（南印度）婆羅門家，將補釋迦之位，為補處之菩薩，又名慈氏，俗稱「彌勒佛」。
⑬①楂：同「杈」，亦作查。水中浮木。此云罪業。
⑬②芽：此間通借作「涯」。

張王李趙權時姓，六道三途事似麻；只為主人不了絕，遂招遷謝逐迷邪！

255. 汝為埋頭痴兀兀，愛向無明羅剎窟，再三勸你早修行，是你頑痴心恍惚；不肯信受寒山語，轉轉倍加業汩汩，直待斬首作兩段，方知自身奴賊物！

256. 余曾昔覩聰明士，博達英靈無比倫；一選嘉名喧宇宙，五言詩句越諸人；為官治化超先輩，直為無能繼後塵；忽然富貴貪財色，瓦解冰消不可陳！

257. 貪愛有人求快活，不知禍在百年身；但看陽燄浮漚水，便覺無常敗壞人；丈夫志氣直如鐵，無曲心中道自真；行密節高霜下竹，方知不枉用心神！

258. 此首錄自南宋釋志南《三隱記》，因他本不收，補入。

急急忙忙苦追求，寒寒冷冷度春秋；朝朝暮暮營活計；悶悶昏昏白了頭；是是非非何日了，煩煩惱惱幾時休；明明白白一條路，萬萬千千不肯修。

丁、雜詩

259. *莊子說送終，天地為棺槨①；吾歸此有時，唯須一番箔；死將餧青蠅，吊不勞白鶴；餓著首陽山，生廉死亦樂！

260. *欲識生死譬，且將冰水比；水結即成冰，冰消返成水；已死必應生，出生還復死；冰水不相傷，生死還雙美！***

261. *貧驢欠一尺，富狗剩三寸；若分貧不平，中半富與困；始取驢飽足，卻令狗飢頓；為汝熟思量，令我也愁悶！

262. *我見瞞人漢，如籃盛水走，一氣將歸家，籃裏何曾有？我見被人瞞，一似園中韭，日日被刀傷，天生還自有！***

①莊子說送終，天地為棺槨：《莊子・列禦寇》：「莊子將死，弟子欲厚葬之。莊子曰：『吾以天地為棺槨，以日月為連璧，星辰為珠璣，萬物為齎送，吾葬具豈又備邪？』」

263\. 俗薄真成薄，人心箇不同，殷翁笑柳老，柳老笑殷翁，
何故兩相笑，俱行譣詖②中，裝車競嵽嵲③，翻載各瀧涷④！

264\. 夕陽赫西山，草木光曄曄，復有朦朧處，松蘿相連接；
此中多伏虎，見我奮迅鬣，手中無寸刃，爭不懼懾懾！＊＊＊

265\. 智者君拋我，愚者我拋君，非愚亦非智，從此斷相聞；
入夜歌明月，侵晨舞白雲，焉能拱口手，端坐鬢紛紛！＊＊＊

266\. 天下幾種人，論時色數有，賈婆如許夫，黃老元無婦；
衛氏兒可憐，鍾家女極醜，渠若向西行，我便東邊走。

267\.

---

②譣詖：譣，同「險」，訓為詖。詖，音ㄆㄧˋ，不正之辭。此二字互訓，意為狡辯不正。

③嵽嵲：音ㄉㄧˋ ㄋㄧㄝˋ，山高的樣子。又訓迢遞。詩中訓為「高聳」的樣子。

④瀧涷：音ㄌㄨㄥˊ ㄉㄨㄥ，亦作「涷瀧」，沾溼的樣子。引申為「摧敗披靡」。

他賢君即受，不賢君莫與，君賢他見容，不賢他亦拒；
嘉善矜不能，仁徒方得所，勸逐子張言，拋卻卜商語⑤。

268.
老翁娶少婦，髮白婦不耐，老婆嫁少夫，面黃夫不愛；
老翁娶老婆，一一無棄背，少婦嫁少夫，兩兩相憐態！

269.
柳郎八十二，藍嫂一十八，夫妻共百年，相憐情狡猾；
弄璋⑥字烏䖘⑦，擲瓦⑧名婠妠⑨；屢見枯楊荑⑩，常遭青女⑪殺！

---

⑤勸逐子張言，拋卻卜商語：《論語・子張》第三章云：子夏之門人，問交於子張。子張曰：「子夏云何？」對曰：「子夏曰：『可者與之，其不可者拒之。』」子張曰：「異乎吾所聞：『君子尊賢而容眾，嘉善而矜不能。』我之大賢與，於人何所不容？我之不賢與，人將拒我，如之何其拒人也？」這兩句詩在交友上，表明兩種人生態度，寒山是在子張的一面。

⑥弄璋：《詩經・小雅》云：「乃生男子，載弄之璋。」《傳》曰：「半圭為璋。」《箋》曰：「男子生而玩以璋者，欲其比德焉。」今俗稱生男曰「弄璋」。

⑦烏䖘：虎之別名，亦作於菟。《左傳》曰：「楚人謂虎曰於菟。」《太平寰宇記》云：「於菟村，即楚鬬伯比外家處也，生鬬穀於菟，為楚令尹子文也。」今在湘北雲夢西十里。

270. 群女戲夕陽，風來滿路香，綴裙金蛺蝶，插髻玉鴛鴦；
角婢紅羅縝⑫，閹奴紫錦裳，為觀失道者，鬢白心惶惶！＊＊＊

271. 洛陽多女兒，春日逞華麗，共折路邊花，各持插高髻；
髻高花匼匝，人見皆睥睨，別求醦醦⑬憐，將歸見夫聟⑭！

272.

⑧擲瓦：即弄瓦。《詩經．小雅》云：「乃生女子，載弄之瓦。」瓦，紡塼也。《箋》曰：「玩弄以紡塼，習其所有事也。」後人稱生女，曰「弄瓦」。

⑨婠妠：音ㄨㄢ ㄋㄚˋ，小兒肥胖的樣子。

⑩楊荑：楊柳之葉也。荑，草木初發之葉。

⑪青女：霜神也。《淮南子》云：「至秋三月，青女乃出，以降霜雪。」

⑫角婢紅羅縝：小婢頭披紅羅巾，言其美艷。所謂角婢，角，即「總角」。乃未冠笄之男女。縝，音ㄓㄣˇ，不作細察解，應為名詞，「結」也，即女子之頭巾。

⑬醦醦：音ㄕㄢ ㄕㄢ，酢也。此間為副詞，作憐愛的樣子。

⑭聟：同「婿」。

春女衒⑮容儀，相將南陌陲，看花愁日晚，隱樹怕風吹；
年少從傍來，白馬黃金羈，何須久相弄，兒家夫壻知！

273.
國以人為本，猶如樹因地，地厚樹扶疎，地薄樹憔悴；
不得露其根，枝枯子先墜，決陂以取魚，是取一期利。

274.
＊我今有一襦⑯，非羅復非綺，借問作何色，不紅亦不紫；
夏天將作衫，冬天將作被，冬夏遞互用，長年只這是！＊＊＊

275.
婦女慵經織，男夫懶耨田，輕浮耽挾彈，跕躧⑰拈抹絃；
凍骨衣應急，充腸食在先，今誰念於汝，苦痛哭蒼天！

276.
低眼⑱鄒公妻，邯鄲杜生母，二人同老少，一種好面首；

---

⑮衒：音ㄒㄩㄢˋ，動詞，顯露、炫耀。
⑯襦：音ㄖㄨˊ，短衣也。或云短襖。
⑰跕躧：音ㄉㄧㄝˊ ㄒㄧ，舞鞋也。

昨日會客場，惡衣排在後，只為著破裙，喫他殘䴺䴼⑲！＊＊＊

277. 昨見河邊樹，摧殘不可論，二三餘幹在，千萬斧刀痕；霜凋萎疎葉，波衝枯朽根，生處當如此，何用怨乾坤！＊＊＊

278. ＊我在村中住，眾推無比方，昨日到城下，卻被狗形相；或嫌袴太窄，或說衫少長，攣卻鷂子眼⑳，雀兒舞堂堂！＊＊＊

279. 三五痴後生，作事不真實，未讀十卷書，強把雌黃筆；將他儒行篇，喚作賊盜律，脫體似蟫㉑蟲，齩破他書帙。＊＊＊

280. 鸚鵡宅西國，虞羅㉒捕得歸，美人朝夕弄，出入在庭幃；

---

⑱低眼：另本亦作氐眼，地名。

⑲䴺䴼：音ㄆㄡˇ ㄌㄡˇ，䴺為餅，䴼是饊子，均為油作麵食。

⑳攣卻鷂子眼：意為「摳著鷹一般的眼睛」。攣，音ㄌㄩㄢˊ，不靈活的樣子。動詞作拘攣、攣縮。

㉑蟫：音ㄊㄢˊ，蠹魚之別名，蛀書蟲也。

賜以金籠貯，扃哉損羽衣，不如鴻與鶴，飄颺入雲飛。

281.
養子不經師，不及都亭㉓鼠，何曾見好人，豈聞長者語？
為染在薰蕕㉔，應須擇朋侶，五月販鮮魚，莫教人笑汝！

282.
施家有兩兒，以藝干齊楚，文武各自備，託身為得所；
孟公問其術，我子親教汝，秦衛兩不成，失時成齟齬！

283.
有樹林先生，計年逾一倍，根遭陵谷變，葉被風霜改；

㉒虞羅：捕鳥之網。虞，通「娛」。羅，以絲罟鳥也。又：古掌山林人，謂之「虞人」，虞羅，則義為掌山林人之羅網。

㉓都亭：《史記・司馬相如傳》云：「相如往舍都。」都亭，乃都下之亭。漢有爵位曰「都亭侯」。《後漢書・皇后紀》曰：「凡言都亭者，並城內亭也。」按：都亭鼠，乃城裏的老鼠，比鄉下老鼠狡猾。引喻為不正之人。

㉔薰蕕：《左傳》云：「一薰一蕕，十年尚猶有臭。」註云：「薰，香草。蕕，臭草。十年有臭，言善易消，惡難除也。」沈約文云：「薰蕕不雜，聞之前典。」此言，善易消，惡難除也。

咸笑外凋零，不憐內紋綵，皮膚脫落盡，唯有貞實在。***

284.

讀書豈免死，讀書豈免貧，何以好識字，識字勝他人；
丈夫不識字，無處可安身，黃連搵㉕蒜醬，忘計是苦辛！***

285.

或有衒行人，才藝過周孔，見罷頭兀兀，看時身侗侗㉖；
繩牽未肯行，錐刺猶不動，恰似羊公鶴㉗，可憐生氃氋㉘！***

286.

從生不往來，至死無仁義，言既有枝葉，心懷便險詖；
若其開小道，緣此生大僞，詐說造雲梯，削之成棘刺。

287.

㉕搵：音ㄨㄣ，動詞，摻拌。或按物水中。

㉖侗侗：音ㄊㄨㄥˊ ㄊㄨㄥˊ，無知狀。

㉗羊公鶴：羊公，羊叔子也，晉武帝時南城人，累官尚書左僕射。叔子有鶴善舞，嘗向客稱之，客試使驅來，鶴氃氋不舞。言其名不副實也。

㉘氃氋：音ㄊㄨㄥˊ ㄇㄥˊ，毛散開的樣子。此云：「名不副實」。

天生百尺樹，翦作長條木，可惜棟樑材，抛之在幽谷；
年多心尚勁，日久皮漸禿，識者取將來，猶堪柱馬屋。

288. 精神殊爽爽，形貌極堂堂，能射穿七札，讀書覽五行；
經眠虎頭枕㉙，昔坐象牙牀，若無一堵物，不啻冷如霜！

289. 秉志不可卷，須知我匪席，浪造山林中，獨臥盤陁石；
辯士來勸余，速令受金璧，鑿牆植蓬蒿，若此非有益！＊＊＊

290. 養女畏太多，已生須訓誘，捺頭遣小心，鞭背令緘口；
未解乘機杼，那堪事箕箒，張婆語驢駒㉚，汝大不如母！

291. ＊兩龜乘犢車，驀出路頭戲，一蟲從傍來，苦死欲求寄；

㉙虎頭枕：出自李廣故事，謂武官之寢具。比喻世事之炎涼。一個人光靠功名，如果沒有錢，社會對他還是冰冷如霜的。

㉚驢駒：即小驢兒。喻蠢兒如驢子。

不載爽人情，始載被沈累，彈指不可論，行恩卻遭刺㉛！

292. 三月蠶猶小，女人來采花，隈牆弄蝴蝶，臨水擲蝦蟆；
羅袖盛梅子，金鎞㉜挑筍芽；鬪論多物色，此地勝余家！＊＊＊

293. ＊東家一老婆，富來三五年，昔日貧於我，今笑我無錢；
渠笑我在後，我笑渠在前，相笑儻不止，東邊復西邊！＊＊＊

294. 大有飢寒客，生將獸魚殊，長存磨石下，時哭路邊隅；
累日空思飯，經冬不識襦，唯齎一束草，並帶五升麩。

㉛兩龜乘犢車……行恩卻遭刺：此典疑出佛經，惟「蠱」之一字，一說人以毒物互噬，最後成蠱，用以暗計他人。本詩句之中「蠱」，為動物名。《山海經》云：「鹿吳之山，有獸名蠱雕，其狀如雕而有角，其聲如嬰兒，其物甚毒。」

㉜金鎞：又作金錍。原出佛典，印度眼科醫生抉盲人眼角膜所用之金籌，如簪狀。密宗阿闍黎為信者灌頂時，加持受者之眼，所用之具。即此。《涅槃經》云：「如目盲人，為治目故，請良醫，是時良醫用金鎞，抉其眼膜。」此詩乃引申為「金簪」，女人之飾物。

295.
是我有錢日，恒為汝貸將，汝今既飽暖，見我不分張；
須憶汝欲得，似我今承望，有無更代事，勸汝熟思量！

296.
有樂且須樂，時哉不可失，雖云一百年，豈滿三萬日；
寄世是須臾，論錢莫啾唧，《孝經》末後章㉝，委曲陳情畢！＊＊＊

297.
笑我田舍兒，頭頰底縶澁㉞，巾子未曾高，腰帶長時急；
非是不及時，無錢趂不及，一日有錢財，浮圖㉟頂上立！＊＊＊

㉝孝經末後章：《孝經》最後一章，為〈喪親章〉。文曰：「孝子之喪親也，哭不偯，禮不容，言不文，服美不安，聞樂不樂，食旨不甘，此哀戚之情也。三日而食，教民無以死傷生，毀不滅性，此聖人之政也。喪不過三年，示民有終也，為棺椁衣衾而舉之，陳其簠簋而哀之，擗踴哭泣，哀以送之；卜其宅兆，而安措之；為之宗廟，以鬼享之；春秋祭祀，以時思之。生事愛敬，死事哀慼，生民之本盡矣，死生之義備矣，孝子之事親終矣！」詩義：人子當盡孝也。

㉞縶澁：音ㄓˋ ㄙㄜˋ，拘謹的樣子。

㉟浮圖：即「佛陀」之不同音譯。又，佛塔亦作「浮圖」。

298. 富貴疎親聚，只為多錢米，貧賤骨肉離，非關少兄弟；急須歸去來，招賢閣未啟，浪行朱雀街，踏破皮鞋底！

299. 赫赫誰甗肆，其酒甚濃厚，可憐高幡幟，極目平升斗；何意訝㊱不售，其家多猛狗，童子欲來沽，狗齩便是走！＊＊＊

300. 昔時可可貧，今朝最貧凍，作事不諧和，觸途成倥傯；行泥屢腳屈，坐社頻腹痛，失卻斑貓兒，老鼠圍飯瓮。＊＊＊

301. 教汝數般事，思量知我賢，極貧忍賣屋，纔富須買田；空腹不得走，枕頭須莫眠，此言期眾見，挂在日東邊！

302. 大有好笑事，路陳三五箇，張公富奢華，孟子貧轗軻；只取侏儒飽，不憐方朔㊲餓，巴歌㊳唱者多，〈白雪〉㊴無人和！

㊱訝：驚訝也。自驚也。

303.

二儀㊵既開闢，人乃居其中，迷汝即吐霧，醒汝即吹風；
惜汝即富貴，奪汝即貧窮，碌碌群漢子，萬事由天公。***

304.

*我見百十狗，箇箇毛鬇鬡；臥者渠自臥，行者渠自行；
投之一塊骨，相與啀喍㊶爭；良由為骨少，狗多分不平！

㊲方朔：此指漢之東方朔，字曼倩，長於文辭，喜詼諧滑稽，武帝時累官侍中，時以滑稽之談，寓諷諫之義，帝為所感悟，後上書陳農戰強國之計，不見用，因著〈答客難〉以自見。此喻有才之人不見用也。

㊳巴歌：即巴蜀地方之歌。劉廷芝〈巫山懷古〉云：「巴歌不可聽，聽此益潺湲。」常建〈空靈山應由叟〉有云：「牧童唱巴歌。」李群玉詩：「巴歌掩〈白雪〉，鮑肆埋蘭芳。」陳基題〈玉山草堂〉詩云：「竹枝已聽巴人調，桂樹仍聞楚客歌。」源出宋玉〈對楚王問〉：「客有歌於郢中者，其始曰〈下里巴人〉，關中屬而和者數千人。」今謂俗歌，小調，流行歌曲也。

㊴白雪：歌名。一名〈陽春白雪〉。或〈白雪陽春〉。此歌高雅而難和唱。宋玉〈諷賦〉：「中有鳴琴焉，臣援而鼓之，為幽蘭〈白雪〉之曲。」又謂，〈白雪〉乃師曠作，商調曲也。〈白雪〉者，素女鼓五十絃瑟，曲名也。今可謂「古典名曲」。

㊵二儀：《易》以無極生太極，太極生兩儀，兩儀生四相。二儀，即天地也。

㊶啀喍：音ㄧㄞˊ ㄔㄞˊ，犬噛的樣子。《三國志》有「二狗啀喍不可當」之句。引申為互相仇瞋。方言中亦有之。

305. *無衣自訪覓，莫共狐謀裘，無食自采取，莫共羊謀羞；借皮兼借肉，懷歎復懷愁，皆緣義失所，衣食常不周！

306. *一人好頭肚，六藝盡皆通，南見驅歸北，西逢趁向東；長漂如汎萍，不息似飛蓬，問是何等色，姓貧名曰窮！***

307. *蹭蹬㊷諸貧士，飢寒成至極，閑居為作詩，札札用心力；賤他言孰采，勸君休歎息，題安餬餅上，乞狗也不喫！***

308. *新穀尚未熟，舊穀今已無，就貸一斗許，門外立踟躕；夫出教問婦，婦出遣問夫，慳惜不救乏，財多為累愚！***

309. 夫物有所用，用之各有宜，用之若失所，一缺復一虧；圓鑿而方枘，悲哉空爾為，驊騮㊸將捕鼠，不及跛貓兒！

㊷蹭蹬：失時不遇的樣子。

310. 極目兮長望，白雲四茫茫，鴟鵶㊹飽腲腇㊺，鸞鳳飢徬徨，
駿馬放石磧㊻，蹇驢能至堂，天高不可問，鷦鳩㊼在滄浪！

311. *鹿生深林中，飲水而食草，伸腳樹下眠，可憐無煩惱；
繫之在華堂，餚饍極肥好，終日不肯嘗，形容轉枯槁。

312. 有鳥五色彣，棲桐食竹實㊽，徐動合禮儀，和鳴中音律；
昨來何以至，為吾暫時出，儻聞絃歌聲，作舞欣今日！

313.

㊸驊騮：駿馬。周穆王八駿之一。

㊹鴟鵶：音ㄔ ㄧㄚ。鴟即夜梟。鵶，同「鴉」。均惡鳥。

㊺腲腇：音ㄨㄟˇ ㄋㄟˇ，胖肥的樣子。

㊻石磧：水中沙石也。今作沙石地。

㊼鷦鳩：即鷦鷯。見頁一七二⑥。

㊽有鳥五色彣，棲桐食竹實：所謂五色之鳥，鳳也。棲於梧桐，為女儀之徵。彣，音ㄨㄣˊ，同「文」。

一生慵懶作，憎重只便輕，他家學事業，余持一卷經；無心裝褾軸，
來去省人擎，應病則說藥，方便度眾生；但自心無事，何處不惺惺！＊＊＊

314.

余見僧繇㊾性希奇，巧妙間生梁朝時，道子㊿飄然為殊特，二公善繪手毫揮；
逞畫圖真意氣異，龍行鬼走神巍巍，饒邈虛空寫塵跡，無因畫得志公(51)師！

㊾僧繇：即大畫家張僧繇，為南梁吳人，官右將軍、吳興太守。擅繪事，尤善傳貌，兼工雲龍人物。武帝建佛寺塔，皆使僧繇作畫，嘗於安東寺畫四龍，而不點睛，人問之，曰：恐破壁飛去。人因請之，乃點其二，果然。其未點如故。僧繇在繪事上，創「沒骨皴法」，為後世所宗。與顧愷之、陸探微、吳道子四人，為中國畫界四祖。

㊿道子：即唐代畫家吳道子（七〇〇——七九二）。《宣和畫譜》云：「吳道元（亦名道玄），字道子，陽翟人（今河南禹縣）也。舊名道子，少孤貧，游洛陽，學書於張顛、賀知章不成，因工畫，未冠，深造妙處，若悟之於性，非積習所能。初為兗州瑕丘尉，明皇聞之，召入供奉，更復今名，以道子為字。由此名振天下。其畫大率師法張僧繇，或謂為其後身也。至其變態縱橫與造物上下，則僧繇不能及也。世稱顧愷之畫鄰女，以棘刺其心，而使之呻吟，道子畫驢於僧房，一夕而聞有踏藉破迸之聲。僧繇畫龍點睛，則聞雷電破壁飛去，道子畫龍則鱗甲飛動，每天雨則烟霧生，且顧冠於前，張絕於後，道子兼而有之。」道子遺畫九十三幅，多為佛像，尤工壁畫，為中國畫界四祖之一。卒於唐德宗貞元八年，得年九十餘歲。

(51)志公：即南朝寶志，有神術示現，喻道子繪事高超也。

五

綜論全詩，我們發現寒山詩的特色是，他使用曲折的手法，以活潑的口語，間用生動的方言，淺近的白話，表達一種幽美的大自然情境，襯出一種高深的人生哲理；把生活溶化在哲理之中，他的哲學即是他的生活；正如美國哲學家、散文家梭羅一樣，以天地為他的廬舍，以日月星辰為照明，松泉山果為有限生命之所寄，花香鳥語清風明月為伴侶，宇宙的生命即是他的生命。因此，他寫的詩，即代表他全部的生活內容。

他的詩中，最生僻的，也只是當時的常識，所以他能夠得到今天的最高評價，進入世界文學的殿堂，實基於下列因素：

㈠詩人的生活與情操一致。
㈡作品的內容與形式兼備。
㈢充份表達了人類性靈的高貴，並強調一種特異的個性。
㈣擴大了王梵志詩的境界，自成一家，不與人同。
㈤他的生活哲學是新奇的，詩的況味美而刺激。

以詩為例：

欲識生死譬，且將冰水比；
水結即成冰，冰消返成水；
已死必應生，出生還復死；
冰水不相傷，生死還雙美！

這種淺而深的表現法，新而簡的對比，是多麼新奇，深入！

至於他的詩，在「中國文學史上的地位」，已見前文，不再贅述。

復次，由上述四大分類範圍內，如果我們把他的詩當作他的生活來研究，我們可以尋繹出寒山的時代，他的遭遇，他的思想變遷，他的心境的縮影，雖然拿出證據來肯定他的真容，還待我們努力去發掘、研究、印證，但這已經夠我們欣慰了。我們中國有這樣一位偉大的詩人，把佛理表現在生活裏，把生活寫成詩。

同時，我們又有一個發現，即寒山詩中，用的「常識用語」及有關時代的人物，在初唐時代，竟沒有一個，遑及盛唐？甚至連初唐佛家人物也沒有涉及一個，因此，貞觀之說，實難立足。復次他的回憶中，確實包含著青年時代一些不可言宣的隱祕，我曾妄想他是逃避武則天而隱跡的駱賓王，又以為他是王梵志的化身。這種想法雖屬可笑，但這種玄想，卻刺激我繼續研究他的決心。

六

在上述詩中，凡有「*」註記者，表示為「純詩」。有「***」註記者，表已由華特生英譯。由華特生英譯的詩，在八十九首「自敘詩」中，譯出四十首。

在十三首「黃老詩」中，則譯了八首。

表悟境的十一首，譯出二首。

表理性的四十九首，譯出十首。

表諷勸的九十三首，譯出十五首。

在五十八首雜詩中，譯出二十五首。

三一四首寒山詩（按：三言、七言及長詩達四十多首，一字未譯），扣除三言、七言及長詩。華特生從二百五十多首五言詩中，譯出一百首。

他的觀點也許與我們不盡相同，在我認為一三四首「純詩」中他譯了五十九首。由他譯品的內容分析，那一類詩都譯了。但是占比數最多的，還是「純詩」，亦即「自敘詩」。在八十九首自敘詩中，被選定的「純詩」達六十八首。因此，美國人也最喜歡他的自敘詩。

其次，便是「雜詩」。他從五十八首中選中二十五首，是寒山子對世相作不同的觀察所得。例如第五節中所引的那一首，即被輯入「雜詩」部份。

但是，我們也不能忽視他的「勸世詩」（即表諷勸的詩）。華特生譯出十五首，茲舉例詩二首。

㈠勸修行的：

沙門不持戒，道士不服藥，自古多少賢，盡在青山腳。

㈡表無常的：

玉堂掛珠簾，中有嬋娟子，其貌勝神仙，容華若桃李；
東家春霧合，西舍秋風起，更過三十年，還成甘蔗滓。

這兩首詩，在《寒山詩集》中，「地位」都不高，其與佛偈無異（惜乎「勸戒殺」詩沒有一首），華特生還是選譯了。

至於華特生之英譯，茲舉一例：

Body clothed in a no-cloth robe,
Feet clad in turtle's fur boots,
I seizl my bow of rabbit horn
And prepare to shoot the devil ignorance.

原文是：身著空花衣，足躡龜毛履，
手把兔角弓，擬射無明鬼。

華氏譯文，用S韻，二、四間插。而一、三兩句尾robe與horn二字，發音部位也相同，亦可賅入一韻。華氏曾有《莊子》、「陸游詩」的英譯，他對這首「用抽象的實物表抽象的概念的詩」，能不能譯出作品的隱喻神韻，就有待專家問津。

總而言之，美國的學者，對於東方思想的吸收，已竭盡他們的責任，他們不僅用筆寫，也力行（如史奈德），我相信他們絕不盲目崇拜古人，盲目崇拜新奇。

——一九七四年，六月十五全書脫稿

〔附註一〕：本書所列寒山子詩，總三一四首，根據汲古閣，《全唐詩》十二函本，揚州藏經院本，故宮藏南宋釋志南刊集《三隱集》四種版本研究，據說日人另有「新本」，未見真容，暫未納入討論範圍。

〔附註二〕：本書考證之寒山子時代，分別納於〈寒山時代內證考〉、《全唐詩》裏見寒山〉、〈寒山子傳奇〉三章。由寒山詩之「自證」以及「姚廣孝說」、「元釋念常說」、「寒山與溈山、趙州之公案」、「徐凝詩」等多方確認，寒山子時代應在公元七〇〇——八二〇年（稍具彈性），因為寒山已有詩自證，一百有餘歲。如果我們濃縮一下，從公元七一〇年（睿宗景雲初）到八一五年（元和中），計一百零五歲。我相信，這是最新的定論。

本書重要參考書目

(1)揚州藏經院本《三聖二和詩集》
(2)宋釋志南《天台山國清禪寺三隱集》
(3)汲古閣本《寒山詩》
(4)《全唐詩》十二函《寒山詩集》
(5)徐靈府《天台山記》
(6)康熙本《全唐詩》（全部檢閱完畢）
(7)《全唐文》第六十三卷
(8)《唐書・地理志》
(9)《唐書・車服志》
(10)《唐書・選舉志》
(11)《唐書・藝文志》
(12)《唐書・職官志》
(13)《唐書・李泌傳》
(14)《唐書・方鎮年表》
(15)《唐會要》
(16)《唐語林》
(17)《唐摭言》
(18)李肇《國史補》
(19)唐《開元釋教錄》
(20)唐・李蘩〈鄴侯外傳〉

(21)《唐詩紀事》卷七十二
(22)《景德傳燈錄》
(23)《白香山全集》
(24)《梁書・藝文志》
(25)《陶靖節集》
(26)《太平廣記》
(27)《台州府志・天台縣志/職官錄》
(28)《蘇州府志・寒山寺志》
(29)《水經注》卷二十八
(30)顧祖禹《讀史方輿紀要》
(31)《指月錄》
(32)《碧巖錄》
(33)《莊子集解》
(34)《論語・子張》篇
(35)《史記》、《漢書》
(36)《孝經》
(37)《山海經》
(38)《詩經》
(39)《韓詩外傳》
(40)《昭明文選・哀江南賦》
(41)《金剛經》、《楞嚴經》、《無量壽經》
(42)《唐高僧傳》
(43)《宋高僧傳》
(44)《天台集》
(45)《說郛》
(46)馬端臨《文獻通考》
(47)《談賓錄》
(48)《兩京記》
(49)王嚳《群書故事類論》
(50)李時珍《本草綱目》
(51)錢穆《國史大綱》
(52)劉大杰《中國文學發展史》

(53)楊蔭深《中國文學史大綱》
(54)胡適之《白話文學史》
(55)《宣和畫譜》
(56)張彥遠《名畫記》
(57)楊慎《畫品》
(58)美・華特生《寒山詩一百首》
(59)鍾玲〈寒山在東方和西方文學界的地位〉
(60)趙滋蕃〈寒山子其人其詩〉、〈寒山詩評估〉
(61)陳鼎寰〈寒山子的禪境與詩情〉
(62)魏子雲等〈寒山的時代精神〉
(63)曾普信《寒山詩解》（本書再版以後始閱此書）
(64)白雲禪師〈寒山詩非禪〉（原載《海潮音月刊》，本書再版後閱該文）

〔註〕次要參考書及重要工具書，均未及列。

◎詩文舉隅

糜文開／注譯

中國古典詩文浩如繁星，該由何處下手？作品中想表達的寓意、所隱含的情感變化，該如何去欣賞？這些詩文有獨特的形式嗎？又是如何呈現的？這些如亂絲般糾結的問題，將由本書整理出一個頭緒，與您一同跨過閱覽詩文的第一道門檻。本書作者以親切的口吻、流暢的文字介紹作家與文體，並以淺顯的方式解釋理論與名稱，更兼從創作的角度賞析其形式與內容。希望在親近優美的文學之餘，能引發讀者對文學的興趣。